Die Temperatur der Architektur
Portrait eines energieoptimierten Hauses

The Temperature of Architecture
Portrait of an Energy-Optimized House

Herausgegeben von Dietmar Eberle und Florian Aicher
Edited by Dietmar Eberle and Florian Aicher

Birkhäuser
Basel

Claudia Klein

Ein Haus im Rheintal
A House in the Rhine Valley

Die Temperatur der Architektur
The Temperature of Architecture

Inhaltsverzeichnis
Contents

Vorwort
Preface

Florian Aicher

«Ich will selbst über das Verhältnis zu meiner Umgebung bestimmen» — mit diesen Worten kündigte Dietmar Eberle vor drei Jahren in Deutschlands auflagenstärkstem Architekturmagazin einen Bau an, der in der Branche ein deutlich spürbares Beben auslösen sollte. Erstaunlich eigentlich, hat er damit doch an etwas ganz Selbstverständliches erinnert.

Doch was selbstverständlich scheint, ist es längst nicht mehr. Bauen ist zur Domäne eines Expertentums geworden, ob nun unter der Prämisse energetischer Effizienz selbstreferenzielle Wohnmaschinen entstehen oder Signature Buildings, die mit technischer Exzentrik zu überwältigen suchen. Im Euphemismus vom intelligenten Gebäude finden diese Strömungen zusammen — bereits sprachlich ist der Nutzer verschwunden.

Und da spricht einer von seinem Verhältnis zu seiner Umgebung! Und stellt uns einen Bau vor Augen, der beinahe konventionell anmutet; dem der örtliche Bürgermeister gern zubilligt, das neue Gesicht der Gemeinde zu sein; der noch jeden Besucher mit der großen Lässigkeit seiner Räume beeindruckt; der keinen Raum für Heizung, Lüftung, Klimatisierung beansprucht, denn all das gibt's hier nicht. Das ist der eigentliche Skandal: Auf alles, was uns als unverzichtbar aufgeschwatzt wird, wurde hier verzichtet. Verzicht auf Mechanik, stattdessen Geist der Baukunst, ins Werk gesetzt durch beherzte Tat.

Nun steht es da, das Gebäude. Seit anderthalb Jahren ist es bezogen und kann ganz real zeigen, ob es hält, was es zu leisten versprach: dem Nutzer dienen, ohne ihn an sich zu ketten. Jeder kann das nun mit allen Sinnen prüfen und sich ein eigenes Urteil bilden. Dazu dient dieses Buch als Begleiter.

Dietmar Steiner, Architekt, Kritiker, Museumsleiter, stellt die Konzeption des Hauses in den Kontext der aktuellen Architekturdebatte. Lars Junghans, Architekt und Physiker, verantwortet das Klimakonzept und stellt es vor. Mit dem reichen Hintergrund als herausragende Architekturvermittlerin und ganz persönlich nähert sich Kristin Feireiss. Der Mediziner Walter Hugentobler geht dem Beitrag eines solchen Baus für die

Gesundheit auf den Grund. Die stoffliche Seite mit Konstruktion und Besonderheit der Baustelle trägt Florian Aicher, Architekt, bei. Wie technisch sichergestellt wird, dass das Klima stimmt, berichtet Peter Widerin, Physiker und Chipdesigner. Was dem Medium widerfährt, hat Ludwig Rüdisser, Lufthygieniker, gemessen. Und Dietmar Eberle, Bauherr und Architekt, gibt Auskunft über diese und viele Aspekte mehr, die ihn bewegt haben.

"I want to determine my relationship with my environment myself." Thus Dietmar Eberle's statement three years ago in the architecture magazine with the highest circulation in Germany, announcing a building that would create waves in the industry. Which was astounding, because he was simply reminding us of something entirely self-evident.

But what seemed self-evident then has long since ceased to be so. Building has become the domain of experts, be it in the creation of self-referential "machines for living" starting from the premise of energy efficiency or of signature buildings that seek to overwhelm with technological eccentricity. These currents converge in the euphemism of the intelligent building — linguistically obviating the notion of a user.

And here is someone talking about his relationship with his environment! This person presents us with a building that looks almost conventional; a building readily accepted by the local mayor as the new face of the community; a building that impresses every visitor with its spaciousness, in which no space is required for heating, ventilation or air-conditioning. Which brings us to the real scandal: this building does without all that we have been indoctrinated to deem essential. A renunciation of mechanics in favor of the spirit of architecture, implemented through bold initiative.

Here it stands: it has been occupied for over a year and is now able to demonstrate whether it can deliver on its promise, namely to serve the users without tying them to it.

Everyone can judge for themselves, with all their senses, and draw their own conclusions. This book is intended to expedite that process.

Dietmar Steiner, architect, critic and museum director, presents the idea in the context of the current architecture debate. Lars Junghans, architect and physicist, answers questions about the integrated climate concept. With her rich background as an ambassador extraordinaire of architecture, Kristin Feireiss takes a personal approach. The physician Walter Hugentobler examines this building type with regard to health, while architect Florian Aicher speaks to the material characteristics, from construction to distinctive aspects of the site. The technical underpinnings relevant for the indoor climate are explained by Peter Widerin, physician and chip designer. Ludwig Rüdisser, air quality expert, measured the air quality. And Dietmar Eberle, client and architect, provides background for what motivated him.

Kristin Feireiss

Eine Annäherung
A Personal Approach

Kristin Feireiss wurde 1942 in Berlin geboren und studierte Geschichte und Philosophie in Frankfurt am Main und Berlin. Sie war als Journalistin und Redakteurin für verschiedene Rundfunkanstalten, überregionale Zeitungen und Verlage tätig. Seit 1980 ist sie Direktorin und Gründerin von Aedes, der ersten Architekturgalerie in Deutschland, des Aedes Architecture Forum und des Aedes Network Campus. Von 1996 bis 2001 war sie Direktorin des Netherlands Architecture Institute (NAi). In den Jahren 1996 und 2000 war sie Kuratorin des niederländischen Pavillons auf der Architektur-Biennale in Venedig, seit 2013 ist sie Jurymitglied zur Vergabe des Pritzker-Preises. Neben ihrer internationalen Vortrags- und Jurytätigkeit publiziert sie zahlreiche Beiträge zum Thema internationale Architektur. Ihr großes Engagement für Architektur wurde 2001 mit dem Bundesverdienstkreuz am Band geehrt. 2007 wurde sie als Doktor honoris causa an die TU Braunschweig berufen.

Kristin Feireiss was born in 1942 in Berlin and studied history and philosophy in Frankfurt and Berlin. She worked as a journalist and editor for various radio broadcasters, national newspapers and publishers. Since 1980, she has been co-founder and director of Aedes, the first architecture gallery in Germany, the Aedes Architecture Forum, and the Aedes Network Campus. From 1996 until 2001 she directed the Netherlands Architecture Institute (NAi). In 1996 and 2000 she curated the Netherlands Pavilion at the Architecture Biennale in Venice, and since 2013 she has been a member of the jury of the Pritzker Architecture Prize. In addition to international activity as a speaker and jury member, she has published many articles on inter-national architecture. In 2001, she was honored in Germany for her international engagement on behalf of architecture with the Federal Cross of Merit and in 2007 she was awarded an honorary doctorate at the Technical University of Braunschweig.

www.aedes-arc.de

«Das Haus ist für mich eine realisierte Utopie. Und es fühlt sich dabei sichtlich wohl in seiner Haut.»

“For me this house is a realized utopia. And it is clearly comfortable in its own skin.”

Kristin Feireiss
Architekturvermittlerin
Architecture curator

Ich habe spontan Ja gesagt, als Dietmar Eberle mich fragte, ob ich Lust hätte, über sein Haus in Lustenau zu schreiben. Ich wollte und ich hatte Lust, und das von dem Moment an, als ich es das erste Mal sah. Da konnte ich noch nicht ahnen, worauf ich mich eingelassen hatte.

Die Begegnung mit einem Haus ist manchmal wie die mit einem Menschen. Man nimmt das Gegenüber flüchtig war und geht vorbei. Oder: man stutzt, ist überrascht und möchte mehr wissen, um nach einer Weile festzustellen, dass die Fassade Erwartungen geweckt hat, die nicht erfüllt werden. Und dann wiederum, nicht allzu oft, führt die Begeisterung der ersten Begegnung dazu, das Gegenüber näher kennenlernen zu wollen. Dann, und nur dann, entsteht so etwas wie eine Beziehung. Was nicht unbedingt bedeutet, dass dieses Einlassen einfach ist, vor allem, wenn das Objekt der Betrachtung so vielschichtig ist und sich auf Anhieb weder erschließen noch einordnen lässt. Letzteres beschreibt meinen Versuch der Annäherung an 2226.

Zum ersten Mal bin ich diesem Haus am 5. Februar 2008 begegnet. 2226 ist die Hausnummer, die es zu diesem Zeitpunkt noch nicht gab, ebenso wenig wie das Gebäude selbst. BE steht für seine Schöpfer baumschlager eberle. Damals war 2226 knapp 10 Meter lang und hatte noch einen rechteckigen lang gestreckten Baukörper mit einem Sockelgeschoss und sechs Stockwerken, und es stand nicht im Vorarlberger Ort Lustenau, sondern in Berlin am Pfefferberg und bildete das Zentrum der Aedes-Ausstellung Die Stadt im Haus von baumschlager eberle. Das war der erste öffentliche Auftritt von 2226, und er wurde viel beachtet. Schließlich ging es um mehr als nur ein Gebäude, es ging um ein Experiment: ein Haus ohne Heizung mit einem angenehmen Innenklima zu allen Jahreszeiten. So die Ankündigung, die damals noch einzulösen war.

Dass dieses Experiment gelingen würde, daran hat Dietmar Eberle keinen Augenblick gezweifelt. Das Projekt war für ihn eine Herausforderung und seine Realisierung ein Beweis dafür, was Architektur leisten kann und angesichts des weltweiten Klimawandels auch leisten können muss: ein Gebäude ohne Zuführung von Fremdenergie mit nur einem Medium als Träger von Wärme und Kälte—die materielle

Model of the first draft

When Dietmar Eberle asked me if I wanted to write something about his house in Lustenau, I spontaneously said yes. I had wanted to write something about his house from the moment I first saw it. I had no idea what that would mean for me.

Sometimes the encounter with a house is like encountering a human being. You are peripherally aware of them and then they're gone. Or, you hesitate and want to know more, only to find out after a while that the façade created expectations that are not fulfilled. And then there are those, admittedly rare, instances when the enthusiasm of the first encounter inspires a desire to get to know the vis-à-vis better. Then, and only then, does something akin to a relationship emerge. Which doesn't necessarily mean that this engagement is easy, especially when the object of observation is multilayered and difficult to grasp or classify at first glance. That's what happened to me when I tried to get to know 2226.

I encountered it for the first time on 5 February 2008. 2226 is the house number, which at that time did not exist. Neither did the house itself. BE stands for its creators, baumschlager eberle. At the time 2226 was just under ten meters long and still had an elongated rectangular structure with an elevated basement or plinth and six stories. It wasn't located in Lustenau in the state of Vorarlberg; it was in Berlin and was the centerpiece of the baumschlager eberle Aedes exhibition: "The City in the House". That was the first public appearance of 2226 and it attracted a lot of attention. It had less to do with a building and more with an experiment: a house without heating with a comfortable indoor climate in all seasons. That was how it was billed at the time.

Dietmar Eberle never doubted for a moment that this experiment would succeed. The project was a challenge for him and realizing it proof of what architecture can do and—in light of world-wide climate change—what it must do: create a building without importing energy, employing the building material as the sole medium to transport heat and cold. It is the built realization of many years of experience, elaborate scientific studies and a challenge to reach the limits of architecture by pushing it back to its origins. But 2226 is much more:

Konsistenz. Es ist die gebaute Umsetzung langjähriger Erfahrungen, aufwendiger wissenschaftlicher Studien und eine Herausforderung, die Limits von Architektur zu erreichen, gerade indem man sie auf ihre Ursprünge zurückführt. Aber 2226 ist noch viel mehr: baumschlager eberle hat dieses in jeder Weise herausragende und einzigartige Projekt von Beginn an ganzheitlich gedacht, entwickelt, gestaltet und umgesetzt.

«Eine realistische Utopie» hätte es Heinrich Klotz, der legendäre Gründungsdirektor des Deutschen Architekturmuseums in Frankfurt am Main, wohl genannt, wenn er von diesen Plänen gehört hätte. Nach seiner Definition geht es dabei um visionäre Projekte, die den Keim zur Verwirklichung in sich tragen. Dietmar Eberle hätte Klotz Recht gegeben, denn auch für ihn «entstehen Visionen nicht aus utopischen Fantasien, sondern aus Analysen der realen Bedingungen, die in einem ständigen Ideenprozess bis an ihre Grenzen ausgelotet werden».

Wohl wissend, dass sich kein «normaler» Bauherr auf ein solches Risiko einlassen würde, ist der Vordenker, Perfektionist und Überzeugungstäter selbst Bauherr geworden. Er will den Beweis erbringen, dass 2226, ein Haus, umgeben von Bergen, ohne Heizung den Wintertest besteht, einen österreichischen Winter. Beide, Architekt und Haus, sind irgendwie trotzig — trotzig kommt von trotzen —, und beide sind starke Typen.

Die ökologischen, technischen und technologischen Innovationen dieses Hauses beschreiben die Autoren der vorliegenden Publikation — dem Bauphysiker Lars Junghans und dem für die Steuerung verantwortlichen Physiker Peter Widerin — in ihren Beiträgen anschaulich. Auch Fragen, ob es überhaupt möglich ist, in einem Gebäude ohne Heizung und ohne aktive Kühlung das ganze Jahr über ein angenehmes Raumklima bei guter Luftqualität zu erreichen oder ob die richtige Tageslichtverteilung den Gesamtenergiebedarf reduzieren kann, wurden von Experten positiv beantwortet. Daher kann ich mich weiterhin meiner persönlichen Annäherung an 2226 widmen.

Zum zweiten Mal bin ich diesem Haus im Frühjahr 2013 begegnet. Im ersten Moment habe ich es kaum

Exhibition at the architecture gallery Aedes, Berlin

baumschlager eberle's approach to this extraordinary and unique project has been holistic from the very beginning in terms of concept, development, design and realization.

"A realistic utopia" might have been the response of Heinrich Klotz, the legendary founding director of the German Architecture Museum in Frankfurt, had he seen these plans. According to Klotz's definition, such visionary projects carry the germ of their realization in them. Dietmar Eberle would have agreed with Klotz, because for him too, "visions emerge not from utopian phantasies, but from the analysis of real conditions which are pursued to their limits in a continuous idea process."

Knowing full well that no "normal" client would take such a risk, the visionary, perfectionist and man of his convictions became took on the role of client himself. Dietmar Eberle wants to provide the proof that 2226, a house surrounded by mountains, can make it through winter, and an Austrian winter at that, without heat.

Both, the architect and the house, are somehow defiant and both are strong characters.

The ecological, technical and technological innovations of this house are clearly described by building physicist Lars Junghans and by Peter Widerin, the physicist responsible for the control mechanisms, in their contributions to this volume. And since questions about whether it is possible to create a comfortable indoor climate with good air quality year-round in a building without heating or active cooling, or whether the right distribution of daylight can reduce the overall energy requirement were all answered in the positive, I am going to employ a more personal approach to 2226.

The second time I encountered 2226 was in the spring of 2013. At first I hardly recognized it because it had undergone a surprising transformation.

It was still, as had been planned, a house without heating, but the form had changed substantially. The rectangular structure had become a cube measuring 24 x 24 x 24 meters and the original six stories had been reduced to five, while the setback of the two upper stories had given way on several floors to narrower projections all around the façade.

wiedererkannt, da es eine überraschende Wandlung erfahren hatte. Es war noch immer, wie geplant, ein Haus ohne Heizung, aber die Form hatte sich wesentlich verändert. Der rechteckige Baukörper war zu einem Kubus von 24 x 24 x 24 Metern geworden, von sechs Stockwerken über dem Basisgeschoss waren nur noch fünf übrig geblieben, und der ursprüngliche Rücksprung der oberen beiden Geschosse war an mehreren Stockwerken zugunsten schmaler Vorsprünge rund um die Fassade gewichen.

Der erste Augenblick des «Fremdelns» — und meine zweite Begegnung mit 2226 kann ich am besten mit diesem Wort umschreiben — ist dem sicheren Gefühl gewichen, dass dieses Haus genauso werden musste, sein muss, wie es nun da steht: in seiner Form, seiner Gestaltung, seinen Proportionen, seiner Präsenz und seiner zurückgenommenen, aber dennoch unübersehbaren Monumentalität. Ein starkes Statement, räumlich, technisch wie ideologisch. Kurz: ein Meisterwerk.

Und wie bei allen Projekten von baumschlager eberle, die aus dem Wissen um den jeweiligen Ort erwachsen sind — ob in Vaduz, Wien, St. Gallen, Zürich, Hongkong, Berlin, Hanoi, Paris, Hamburg oder Lustenau, eben überall dort, wo baumschlager eberle Architekturbüros unterhalten — steht das Verstehen des jeweiligen kulturellen Kontextes im Mittelpunkt ebenso wie die Beachtung der spezifischen Bedürfnisse der Bauherren. «Die Reflexion über das Vorhandene mündet» — so der Vorarlberger Kosmopolit Eberle — «in einem Regelwerk für Außenräume und Gebäude», wobei es ihm nicht darum geht, «einzigartige Großformen und Bilderwelten zu fixieren, sondern Elemente zu schaffen, die einander im Zusammenspiel ergänzen. Nur so können nachvollziehbare Lösungen entstehen, die sich im sozialen und kulturellen Kontext bewähren.»

Auch 2226, so modern und unnahbar es sich auf den ersten Blick präsentiert, was durch die hohen Bäume, die es umgeben und vom Gewerbepark optisch trennen, noch unterstrichen wird, so deutlich wird ebenfalls, dass dieses Gebäude — bewusst oder unbewusst — aus der Kenntnis und Erfahrung des Ortes, der Region erwachsen ist: dem Bregenzerwald in Vorarlberg. Im Dorf Hittisau ist Dietmar Eberle in einem typischen «Bregenzerwälderhaus» aufgewachsen, einem Blockhaus, das die Einheimischen «Strickbau» nennen, weil die Hölzer der Wände ineinander verzahnt sind. Da die Stämme gleich groß, gleich dick und gleich lang sein müssen, wird das Quadrat zum

I can best describe my second encounter with 2226 as a moment of "shyness," which made way for a feeling of certainty that this house has turned out exactly as it should be: in its form, design, proportions, presence and subdued yet unmistakable monumentality.

A strong statement, spatially, technically and ideologically. In short, a masterpiece.

All projects by baumschlager eberle are rooted in the knowledge of the location where they are built—be it Vaduz, Vienna, St. Gallen, Zurich, Hong Kong, Berlin, Hanoi, Paris, Hamburg or Lustenau, that is, all locations where baumschlager eberle maintains architecture offices. At the center of their efforts is an understanding of the cultural context and the specific requirements of the client. "Reflecting upon what is available is a lead-in," explains Eberle, the cosmopolitan from Vorarlberg, "for the rules for exterior spaces and buildings." But he is not concerned with "establishing singular large-scale forms and worlds of images, but rather [with] creating elements that complement each other by their interaction. That is the only way for comprehensible solutions to emerge which withstand the test of the social and cultural context."

As modern and inapproachable as the house might seem at first glance, further underscored by the tall trees that surround and visually separate it from the industrial park, it is also clear that 2226, consciously or not, has evolved from the knowledge and experience of the site, of the region: the Bregenz Forest in Vorarlberg. Dietmar Eberle grew up in the small town of Hittisau in a typical "Bregenzerwälderhaus", a log house which the locals call a "Strickbau" (knit construction) because of the dovetailed logs. Since the logs are all identical in dimension, thickness and length, the square is the defining structural element and the house becomes a "knitted" cube, continued in the most important interior space, the living room, which is also laid out as a square. Even if the traditional peasant "Bregenzerwälderhaus", which still dots the landscape in the region, has lost its original significance, this house type with its special qualities continues to serve as a model for contemporary architecture in Vorarlberg. The house in Lustenau reflects this attitude. It is a loving and powerful hearkening back to the history of the site and the childhood home of the architect.

Just when I feel that I'm beginning to understand the object of my admiration by getting to

strukturellen Element und das Haus zum «gestrickten» Kubus, was sich im Inneren in dem wichtigsten Raum, der Stube, die ebenfalls quadratisch angelegt ist, fortsetzt. Auch wenn das traditionelle bäuerliche Bregenzerwälderhaus, das noch heute die Landschaft der Region prägt, seine ursprüngliche Bedeutung verloren hat, so ist dieser Haustyp mit seinen besonderen Qualitäten bis in die Gegenwart hinein immer wieder Vorbild für die zeitgenössische Architektur Vorarlbergs. Das Haus in Lustenau spiegelt diese Haltung wider. Es ist eine liebevolle wie starke Reminiszenz an die Geschichte des Ortes und die Heimat des Architekten.

"Bregenzerwälderhaus"

Kaum glaube ich dem Objekt meiner Bewunderung durch die Begegnung mit seinen Vorfahren nähergekommen zu sein, folgt eine weitere Überraschung. Wie kann ich mir erklären, dass bei den Geburtswehen von 2226 nicht nur das Erbe der Vorarlberger Region mit im Spiel war, sondern auch die Präzision, mit der die griechische Klassik durch minimale Abweichungen von der geometrischen Form die Wirkung des Bauwerks auf den Betrachter noch zu verstärken wusste? Denn bei 2226 finden sich ebenfalls solche erst auf den zweiten Blick wahrnehmbare, aber gewollte Abweichungen in Form von winzigen unregelmäßigen Vor- und Rücksprüngen, welche die scheinbar vollkommene geometrische Figur des Kubus noch präsenter erscheinen lassen. Oder — auch diese Erklärung läge im Bereich der Möglichkeiten — wollte der Schöpfer des Lustenauer Hauses mit diesen kleinen Veränderungen unmissverständlich klarstellen, dass es keine verwandtschaftliche Beziehung zum verstorbenen Großmeister des Quadrats, Oswald M. Ungers, gibt?

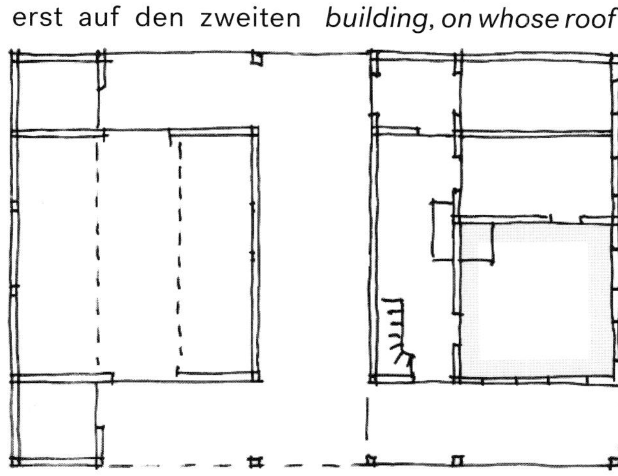

Ground floor plan of a typical "Bregenzerwälderhaus"

Der Tag, an dem ich dem Bürohaus — wie es sein Schöpfer irreführenderweise nennt, da es neben den

know its ancestors, I'm faced by another surprise. I am at a loss to explain that the genesis of 2226 was not only founded in the heritage of the Vorarlberg region, but also in the precision with which Greek classicism cleverly augmented the effect of the building on the viewer through minimal deviations from the geometric form. For 2226 has the same kind of barely perceptible, yet deliberate deviations in the form of tiny irregular projections and setbacks, which only enhance the presence of the seemingly perfect geometry of the cube. But there is another possible explanation: perhaps the creator of the house in Lustenau employed these minute changes to distinguish this work from that of the late acknowledged master of the square, Oswald M. Ungers.

My third encounter with the office building, as its creator has misleadingly called it — because in addition to the offices it also houses a cafeteria, a library and the Häusler Contemporary art gallery in Lustenau — took place on a gray and dreary day, with the rain-laden clouds obscuring all but the mountain peaks. The white-gray façade of the building, on whose roof a stork had settled, appeared even more luminous in the faltering August sun. As I walked across the poplar lined, graveled grounds towards the entrance, the fat raindrops of a sudden shower formed concentric circles on the surface of the shallow rectangular pool on the west side of the house. I gained entrance to the interior through a solid wood door, as tall as the rooms behind it, and a thick felt curtain that serves as a windbreak and sweeps the floor like a veil. The rooms are light but not white, smooth but not gleaming, proportioned but not schematic. "Actually there is nothing to explain in this house," was the admiring opinion of the architecture

Arbeitsräumen noch eine Cafeteria, eine Bibliothek und die Galerie Häusler Contemporary in Lustenau beherbergt — zum dritten Mal begegnete, war trübe und grau, die Wolken hingen regenschwanger zwischen den Bergen, von denen nur noch die Spitzen zu sehen waren. Die schwächelnde Augustsonne ließ die weißgraue Fassade des Hauses, auf dessen flachem Dach sich ein Storch niedergelassen hatte, noch strahlender erscheinen. Als ich die von Pappeln eingefasste und mit hellem Kies bedeckte Außenanlage durchschritt, um zum Eingang zu gelangen, bildeten die dicken Tropfen des plötzlich einsetzenden Regens konzentrische Kreise auf der Wasseroberfläche des flachen rechteckigen Beckens auf der Westseite des Hauses. Durch eine massive Holztür, so hoch wie die dahinter liegenden Räume, die sich erst beim Durchschreiten des dichten, den Windfang ersetzenden Filzvorhangs, der wie eine Schleppe über den Boden schleifte, öffnen, gelangte ich ins Innere. Die Räume hell, aber nicht weiß, glatt, aber nicht glänzend, proportioniert, aber nicht schematisch. «Eigentlich muss man in diesem Haus gar nichts erklären», meinte der Architekturhistoriker, Autor und Journalist Florian Aicher bewundernd, als er mich durch das Gebäude führte. Am Ende des Rundgangs war ich davon überzeugt, dass er — die Architekten ausgenommen — einer der fundiertesten Kenner des Lustenauer Hauses ist, auf dessen Fassade weithin sichtbar die Nummer 2226 zu lesen ist. Aicher hat von Beginn an den Bauprozess begleitet. Und er hat Recht mit seiner Behauptung, die Informationen, die er mir doch noch gegeben hat, während wir durch das Gebäude gingen, intensivierten die eigene Wahrnehmung.

Der Dialog zwischen innen und außen wird durch die mit lasierter Weißtanne eingefassten raumhohen Fenster im Erdgeschoss bestimmt, die den Ausblick in die umgebende Landschaft wie kostbare Gemälde einrahmen und bei Sonnenschein Figuren aus Licht und Schatten an die Wände malen.

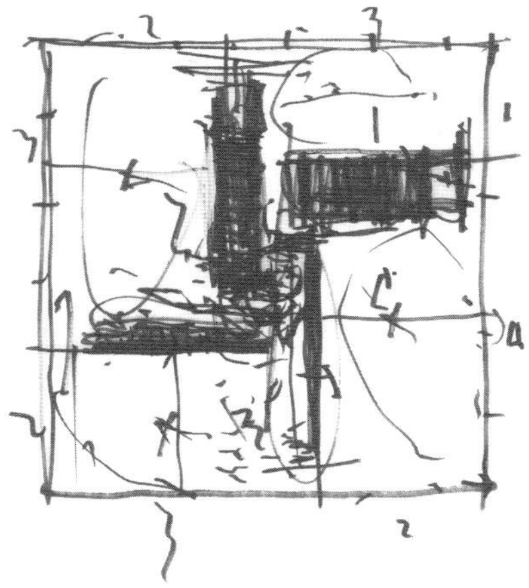

Early sketch

historian, author and journalist Florian Aicher, as he guided me through the building. At the end of the tour I was convinced that, with the exception of the architects themselves, he is one of the most knowledgeable connoisseurs of the Lustenau house, whose façade-mounted number 2226 is visible from afar. Aicher had accompanied the building process from the beginning. His estimation of the house was correct, but the additional information he gave me on our walkthrough only intensified my own perception.

The dialogue between interior and exterior is defined by floor-to-ceiling windows trimmed with varnished silver fir on the ground floor, which frame the exquisite view of the surrounding landscape like precious paintings and cast figures composed of light and shadow on the walls when the sun shines.

But the secret of the special atmosphere of the house is the aesthetic of its simplicity. And simplicity also characterizes the selection of materials. 2226 comes alive through the quality of its material which radiates a soothing naturalness: lime plaster with the traces of sanding on the walls still visible; the floor screed with its industrial finish; the cold drawn steel rods of the banister which don't conceal the welding seams; the narrow, steep stairway with the solid oak steps; metal shelving with ring binders made of brown cardboard in the archive; and the space-defining six-meter-long desks made of solid oak in the offices on the upper floors. In this environment every object is distinct: books, photographs and smaller objects stretched out on a long wooden bench, and even an orange plastic watering can, a folding chair in an opened cardboard box and the industrial luminous strips are elements in their own right while still being part of a larger picture.

I am not the first person to be swept off their feet by 2226 and I won't be the last. My attempt to get to know it was as intense as it was exciting. For

Die besondere Atmosphäre des Hauses liegt aber wohl in der Ästhetik der Einfachheit. Sie bestimmt auch die Wahl der Materialien. 2226 lebt von der stofflichen Qualität, die wohltuende Selbstverständlichkeit ausstrahlt: geschliffener Kalkputz an den Wänden, denen noch die Spuren der Bearbeitung anzusehen sind, der Boden aus Estrich mit Industriebodenfinish, das Geländer aus Rundstäben aus Blankstahl, ohne die Schweißnähte zu kaschieren, die schmale, steile Treppe mit den massiven Eichenstufen, Metallregale mit Ordnermappen aus brauner Pappe im Archiv, 6 Meter lange Arbeitstische aus massiver Eiche, die in den Büros der oberen Etagen ein starkes raumbildendes Element darstellen. In dieser Umgebung erfährt jedes Ding eine Aufwertung: Bücher, Fotografien und kleine Objekte, die auf einer lang gestreckten Holzbank aufgereiht sind, und sogar eine orangefarbene Plastikgießkanne, ein Klappstuhl in einem geöffneten Pappkarton und die Industrieleuchtbänder erhalten ein Eigenleben und sind dennoch Teil eines großen Ganzen.

Ich bin nicht die Erste, die 2226 in seinen Bann zieht, und werde nicht die Letzte sein. Mein Versuch der Annäherung war ebenso intensiv wie spannend. Jetzt ist er erst einmal abgeschlossen, auch wenn ich weiß, dass es noch viel zu entdecken und neue Fragen zu stellen und zu beantworten gibt. Eine, die mich besonders interessiert, ist, was sich Dietmar Eberle für den fünften Stock des Hauses, der nur mit dem Lift zu erreichen ist und noch leer steht, vorbehalten hat. Will er vielleicht beweisen, dass sein Experiment auch das Wohnen einschließt? Dann hätte sich der Kreis vom Bregenzerwälderhaus zu 2226 geschlossen und eine besondere Geschichte ihr Happy End gefunden.

the time being it's finished, although there is still a lot to discover and more questions to ask. One which interests me especially is what Dietmar Eberle has in store for the fifth floor which can only be reached by elevator and which is still empty. Does he intend to prove that his experiment is also valid for living quarters? That would close the circle of the evolution from the "Bregenzerwälderhaus" to house 2226 — and bring a unique story to its happy end.

Dietmar Steiner

Zurück zur Architektur
Back to Architecture

Dietmar Steiner wurde 1951 in Wels (Oberösterreich) geboren und studierte Architektur an der Akademie der bildenden Künste Wien. Bis 1989 Lehrtätigkeit an der Hochschule für angewandte Kunst Wien, an der Lehrkanzel für Geschichte und Theorie der Architektur. Seit 1993 ist er als Direktor des Architekturzentrums Wien tätig. 2002 kuratierte er als Kommissar den österreichischen Beitrag der Architektur-Biennale in Venedig. Seit 1997 ist er Mitglied des Advisory Committee des European Union Prize for Contemporary Architecture — Mies van der Rohe Award und seit 2002 Jury Member des European Prize for Urban Public Space. Von 2006 bis 2014 war er Präsident von ICAM — International Confederation of Architectural Museums — der weltweiten Dachorganisation der Architekturmuseen. Von 2009 bis 2014 war er Vorsitzender des Qualitätsbeirats für den sozialen Wohnbau in Wien. Neben der Redaktionstätigkeit bei «domus» von 1995 bis 1999 verfasste er zahlreiche publizistische Arbeiten zu den Themen Architektur und Stadtentwicklung.

Dietmar Steiner was born in 1951 in Wels (Austria) and studied architecture at the Academy of Fine Arts in Vienna. He taught at the University of Applied Arts in Vienna in the faculty for history and theory of architecture until 1989 and has served as director of the Architekturzentrum in Vienna since 1993. In 2002 he curated the Austrian exhibit at the Architecture Biennale in Venice. Since 1997 he has been a member of the Advisory Committee of the European Union Prize for Contemporary Architecture — Mies van der Rohe Award, and since 2002 he has been a jury member of the European Prize for Urban Public Space. From 2006 until 2014 he was the president of ICAM — International Confederation of Architectural Museums — the worldwide umbrella organization of architecture museums. From 2009 until 2014 he was the chairman of the quality advisory board for public housing in Vienna. In addition to editorial work at domus from 1995 to 1999, he has written many articles on architecture and urban development.

www.azw.at

«Das Besondere an diesem Haus ist die Elimination der klassischen Haustechnik, die bisher die Herrschaft über die Architektur übernommen hatte. Die hier angewendete neue Philosophie der energetischen Planung gibt der Architektur ihre Würde zurück.»

"What is special about this house is the elimination of classic building services, which have dominated architecture. The new philosophy of energy planning, which has been applied here, once again gives architecture its dignity."

Dietmar Steiner
Architekt, Kritiker und Museumsleiter
Architect, critic and museum curator

Ich stehe vor einem Haus. Kubisch, monolithisch, Lochfassade, massiv, schöne Proportionen. Es scheint irgendwie aus der Zeit gefallen zu sein oder vor die Zeit geschoben. Schwer einzuordnen in unserem andauernden postmodernen Zustand der Architektur, in dem alles irgendwie gleichgültig ist und nur das Kriterium der Ökonomie der Aufmerksamkeit zählt. Dieses ist erfüllt, die Provokation gelungen, denn die Entwicklung der letzten Jahrzehnte verlief anders.

Es muss so Anfang der Neunzigerjahre gewesen sein, als auf einmal die «Vollglasfassade» für Büro- und sonstige Businessgebäude ihren globalen Siegeszug antrat. Kann man sich das heute, 2015, noch vorstellen, dass es einmal anders gewesen sein könnte? Häuser mit Brüstungen, mit Fensterteilungen unterschiedlichster Art, vielleicht sogar mit der so unmodernen Lochfassade, aus der die europäische Stadt seit Jahrhunderten besteht. Ja, den «Curtain Wall» gab es schon lange zuvor, aber auch dieser war im Regelfall gegliedert in durchsichtige und undurchsichtige Felder.

Es muss ebenfalls so Anfang der Neunzigerjahre gewesen sein, als mir Bernard Tschumi in New York erzählte, dass er für sein Projekt des Lerner Hall Student Center eine Vollglasfassade mit Punkthalterung plane und keine Firma in den USA in der Lage sei, diese Technologie zu realisieren. Es bedurfte großer Überzeugungsarbeit beim Board of Trustees der Columbia University, dass pikanterweise eine französische Firma namens «Gustave Eiffel» mit der Realisierung beauftragt werden konnte.

Ungefähr zu dieser Zeit baute baumschlager eberle einen Zubau zur gewerblichen Berufsschule in Bregenz. Sie waren damals schon einen Schritt weiter als Tschumi und realisierten in einem Bauteil keine einfache, sondern eine doppelte Glasfassade. Eine Außenhaut aus Glaspaneelen mit offenen Fugen, Wind

Lerner Hall Student Centre, New York, Bernhard Tschumi

1900 M Street NW, Washington, D.C., Vlastimil Koubek

I am standing in front of a house, cubic, monolithic, with a perforated façade, solid masonry construction-, and beautiful proportions. It seems somehow timeless or maybe ahead of its time. It is difficult to place in our continuing postmodern state of architecture where everything is somehow indifferent and only the criterion of the bottom line counts. The latter has been fulfilled, the provocation has succeeded, because events during the last decades took another turn.

It must have been in the early 1990s that the “all-glass façade” for offices and other commercial buildings became a global phenomenon. Today, in 2015, can one imagine that things could have developed otherwise? Houses with parapets, with different kinds of window divisions, perhaps even with the unfashionable perforated façade, a mainstay in European cities for hundreds of years. Indeed the “curtain wall” has existed for a long time, but as a rule it was divided into transparent and non-transparent sections.

And it must have also been the early 1990s when Bernard Tschumi told me in New York that he was planning a point-fastened all-glass façade for his Lerner Hall Student Center project but could not find a company in the United States capable of working with this technology. It took a lot of convincing of the Board of Trustees of Columbia University to contract a French firm — ironically named “Gustave Eiffel” — to mount the façade.

At about the same time baumschlager eberle built an annex for the vocational training school in Bregenz. They were already one step ahead of Tschumi: for one section they realized not a single but a double glass façade. An outer skin that is wind and rain resistant, made of glass panels, with open joints in front of a service level with windproof sun protection followed by the thermally

und Regen abweisend, dahinter eine Serviceebene mit windgeschütztem Sonnenschutz und dann die thermisch geschlossene Glasfassade mit öffenbaren Fenstern. Die damals logische bauphysikalische Konsequenz für energetisch optimierte Gebäude.

Das war damals der Stand der Technik. Denn auch das deutsche Architekturbüro Ingenhoven gewann 1991 den Wettbewerb für das RWE- Hochhaus in Essen mit einer thermisch getrennten doppelten Glasfassade, das folglich «als erstes umweltfreundliches Hochhaus Deutschlands» bezeichnet wurde. Zum Zeitpunkt der Fertigstellung, 1997, war es das erste «ökologisch orientierte Gebäude mit einer zweischaligen Ganzglasfassade zur natürlichen Ventilation der Büroflächen», wie das Büro Ingenhoven meldete.

Professional Trade School, Bregenz, Baumschlager Eberle

Hinter diesem Zitat darf vermutet werden, dass es irgendjemanden, irgendeine Instanz geben musste, die in der Lage war, zu beurteilen, was denn ein «ökologisch orientiertes» Gebäude sein könnte. Denn lange zurück lagen zu diesem Zeitpunkt die «Alternativen» der Siebzigerjahre. Der Club of Rome, die Humustoiletten und Bastelhäuser aus Recyclingmaterial: Sie waren vergessen zu dieser Zeit.

In den Neunzigerjahren setzte mit der Digitalisierung auch der Architektur und des Bauwesens ein neuer Diskurs ein. Ich vermute, dass in dieser Zeit auch diejenigen Programme geschrieben wurden, bis heute selbstverständlich immer mehr verfeinert, die das energetische Verhalten von Gebäuden simulieren können. Mit der Entwicklung der digitalen Instrumente konnte man den Energieverbrauch von Gebäuden berechnen, noch bevor sie gebaut waren. Abstrakt und simuliert.

RWE-Tower, Essen, Ingenhoven Overdiek Kahlen & Partner

Und ein neuer Markt entstand. Der Markt der Zertifizierungen. Green Buildings, Blue Buildings,

closed glass façade with operable windows. At the time, this was the logical approach from the perspective of building physics for energy-optimized buildings.

This was state of the art at the time. In 1991 the German architectural firm Ingenhoven won the competition for the RWE high-rise with a thermally separated double glass façade that was subsequently described as "the first environmentally friendly high-rise in Germany". Upon its completion in 1997, it was the first "ecologically oriented building with a double layer all-glass façade for the natural ventilation of the office spaces," to cite Ingenhoven.

This quote would presume that someone, in some official capacity could determine what an "ecologically oriented" building ought to be. For the "alternatives" of the 1970s were long past by then. The Club of Rome, the compost toilets and huts made of recycling material: they were already forgotten.

The 1990s saw the emergence of a new debate with the digitalization of architecture and building. I suspect that it was then that the programs capable of simulating the energy response of buildings were first written, which have been continually refined ever since. Digital instruments made it possible to calculate the energy consumption of buildings before they were even built. Abstract and simulated.

And a new business was born. The business of certification. Suddenly there were Green Buildings, Blue Buildings, Golden Buildings and industry took over the reins of planning and building.

A few years ago a German building physicist compared the actual energy values in some of these energy saving all-glass façade office buildings,

Golden Buildings gab es auf einmal, und die Industrie übernahm die Herrschaft über das Planen und Bauen. Vor einigen Jahren überprüfte dann ein deutscher Bauphysiker die tatsächlichen Energiewerte in einigen dieser energiesparend simulierten Bürogebäude mit Vollglasfassaden. In keinem einzigen Gebäude stimmten die tatsächlichen Werte mit den vorher simulierten überein. Überall lag der tatsächliche Energieverbrauch wesentlich höher als geplant. Die inzwischen etablierte Branche der simulatorischen Haustechniker überschüttete ihn mit wütenden Kommentaren.

Dann kamen die euphorischen Zweitausenderjahre. Von den arabischen Golfstaaten bis China, Asien, aber auch überall sonst auf der Welt entstanden voll verglaste Icon Buildings von egozentrischen Stararchitekten. Und ich vermute, dass bei jedem dieser Türme die energetische Optimierung mit Simulationen der Haustechnik als Argument eine Rolle spielte. Diese Icon Buildings waren und sind aber autistische Objekte, die nur ihr freie und spektakuläre Form zu Markte trugen. Im Inneren waren und sind dies minimiert gestapelte Flächen ohne räumliche Qualitäten. Es darf der Verdacht geäußert werden, dass es sich bei all diesen Icons und Türmen in den Boomregionen um Ablagerungen des flottierenden Immobilienkapitals handelt, deren geplante Nutzung als Büroräume oder Wohnungen schon mit einem Leerstand ihren Zweck erfüllen.

Doch nicht nur bei Businessbauten, auch im normalen und alltäglichen Bauwesen war auf einmal der Energieverbrauch ein Thema. Die Idee der «Passivhäuser» reüssierte. Die dafür notwendige «Zwangslüftung» bezeichnete man schnell als «Komfortlüftung», um eine höhere Akzeptanz dieser dicht eingepackten Objekte zu erzielen. Ich war am Anfang begeistert von dieser haustechnischen Entwicklung. Großartig. Endlich Häuser, die keine Energie mehr verbrauchen. Es waren aber am Beginn meistens Einfamilienhäuser im Urban Sprawl von Bauherren, welche zur energiesparenden Rettung des Planeten viele Stunden in den komplizierten Steuerungszentralen

China Central TV Headquarters, Beijing OMA

Burj Al Arab, Dubai, W.S. Atkins & Partners

which had been simulated. He found that in not one of them did the actual measured values conform to the simulations. In all of them the actual energy consumption was considerably higher than predicted. The building services simulations sector—well and truly established by then—poured a not so virtual stream of vituperation over the physicist.

Then came the beginning of the euphoric millennium. From the Gulf States to China, Asia, and elsewhere in the world, iconic all-glass buildings were being erected by egocentric star architects. I wouldn't be surprised if with each of these towers energy optimization via simulation of the building services played a role. But these iconic buildings were and are autistic objects whose free and spectacular forms were, and still are, their only claim to fame. The interiors of these stacks of floors are devoid of spatial qualities. Nor is it too far-fetched to suspect that these icons and towers in the boom-regions are deposits of a floating real estate market which had fulfilled their purpose as office space or apartments as soon as the vacancy signs had been posted.

But the subject of energy consumption that suddenly emerged was not limited to commercial buildings. The idea of "passive homes" also took the spotlight for ordinary buildings. The required "forced ventilation" was quickly dubbed "comfort ventilation," in order to promote a higher acceptance of these densely packed buildings. I was initially enthused by this development in building services. Great, I thought: finally houses which no longer consume energy! In the beginning it was mostly single-family houses in urban sprawl whose owners spent long hours with the complex electronic controls of their passive houses in order to rescue the planet. Soon, multi-family houses were also equipped with passive house technology. It turned out that energy conservation was a function of user behavior and not building technology.

ihrer Passivhäuser verbrachten. Bald wurden auch Mehrfamilienhäuser mit der Passivhaustechnologie ausgestattet. Und es stellte sich umgehend heraus, dass Energieeinsparung vor allem durch das Nutzerverhalten und nicht durch die Technik beeinflusst werden kann.

Das wurde dann schnell im Laufe der vergangenen Jahre klar: Die energiesparenden Häuser wurden zu Maschinen mit erheblichem Steuerungs- und Wartungsaufwand. Geräte müssen gewartet, Filter getauscht werden. Es war, als ob diejenige «Moderne» hier ihre Vollendung fand, die davon träumte, dass Häuser wie Automobile produziert und benutzt werden könnten. Dies verlangte aber nach vergleichbaren Schulungen zur Bedienung und domestizierte das Bewohnerverhalten zum Personal der Haustechnik. Der derzeitige Wahnsinn in der Schweiz, Deutschland und Österreich, alle Häuser mit Wärmedämmverbundsystemen einzupacken, ist inzwischen hinreichend thematisiert als die langfristig größte Zerstörung von Bausubstanz jenseits von Kriegen. Eine von der Industrie getriebene Gesetzgebung zwingt der Gesellschaft Investitionen auf, die sich erst nach 30 Jahren energetisch rechnen würden, aber schon nach 20 Jahren als Sondermüll wieder entsorgt werden müssen.

Ein nach wie vor ungeklärtes Problem wurde dann zunehmend diskutiert. War das Ziel heutigen verantwortlichen Bauens die Einsparung von Energie oder die klimaschützende Reduktion des Verbrauchs von CO_2? Wenn die Energie aus Wind, Sonne, Erde stammt, gibt es keine Notwendigkeit einer Dämmung. CO_2-neutrale Energie muss nicht eingespart werden. Denkt man das Problem aber zu Ende, so muss sich jedwede Bautätigkeit die Frage stellen, ob der Aufwand an «grauer Energie» nicht größer ist, als jede Einsparung ermöglicht. Es bleibt die seit den Siebzigerjahren bestehende Erkenntnis, dass wahrlich ökologisches Bauen letztlich nur durch die Umnutzung des Bestandes erfüllt werden kann.

Derzeit unternehmen aber Industrie und Politik alle Anstrengungen, den haustechnischen Aufwand noch weiter zu treiben. Es wird wohl geschehen, weil inzwischen die Industrie — von Siemens bis Google — erkannt hat, welche Geschäftsfelder sich in der Ausrüstung individueller Haushalte anbieten. «Smart Cities» oder «Smart Buildings» heißt das Geschäftsfeld der Zukunft. Das hat gravierende gesellschaftspolitische Konsequenzen. Häuser sind demnach nicht mehr Objekte und Speicher realer privater

In the years after the euphoria it became clear that the energy saving homes were machines with considerable expenses for controls and maintenance. Devices had to be maintained, filters changed and so on. It was as if the dream of the "Modern" had come true and houses could now be produced and used like automobiles. The only problem was that the users had to be schooled in the operation of the technology and became the employees of the building services. The mad rush in Switzerland, Austria and Germany to encase all housing in thermal insulation systems has already been exposed as having the most destructive impact on housing in the long term beyond wars. Legislation imposed by the industry imposes investments on society that would only pay off in terms of energy savings in thirty years, but which have to be disposed of as hazardous waste in twenty years.

The debate then turned to a problem that remains unsolved: was energy conservation the goal of responsible contemporary building or was it to reduce CO_2 consumption to combat climate change? If the bulk of the energy is being generated by wind, sun and the earth, there is no need to insulate. CO_2-neutral energy doesn't have to be conserved. If one follows that train of thought to its logical conclusion, every aspect of building poses the question of whether or not the "gray energy" effort is greater than the energy it is supposed to save. What remains valid is the recognition from the 1970s: true ecological building is only possible through conversion and reuse of the existing stock.

However, industry and politicians are currently determined to escalate the building services crusade. And they will likely succeed, for corporations — from Siemens to Google—have identified the fields of business in the equipment of individual households. "Smart Cities" or "Smart Buildings" are the business sectors of the future. That will have grave socio-political consequences. Houses will cease to be objects and containers for real private endeavors. They will be recruited as data storage for a global digitalized system of controls.

Today we are confronted with a development pushed by the construction industry and unsuspectingly facilitated by a pliant political class that will lead to a massive technological upgrade of buildings run by building services experts who, with the aid of simulations and certifications, will confirm the successful mastery of climate change.

Tätigkeiten, sondern werden zu Datenspeichern einer globalen digitalen Steuerung und Kontrolle.

Wir sind heute konfrontiert mit einer von der Bauindustrie getriebenen und von der Politik ahnungslos und willfährig vollzogenen Entwicklung zu einer gewaltigen technologischen Aufrüstung von Bauwerken, begleitet von Experten der Haustechnik, die mit Simulationen und Zertifizierungen die erfolgreiche Bewältigung des Klimawandels bestätigen. Aber tatsächlich werden die versprochenen Erfolge im wirklichen Leben niemals erzielt.

Und auf einmal steht die ganze Entwicklung der Moderne, die letzten 100 Jahre der Architektur, zur Diskussion und zur Disposition. Die Aufgabe und Forderung heute besteht darin, nachhaltige und einfache Technologien des Bauwesens zu verwenden. Das jahrhundertealte historische Wissen der Architektur gilt es, wieder zu aktivieren. Räumliche Qualitäten sind zu entwickeln, die wieder mit dem Nutzerverhalten im Einklang stehen und von den Menschen benutzt und verstanden werden können.

Meine Skepsis und Kritik gegenüber der hypertrophen bautechnischen und simulatorischen Entwicklung wuchs, aber mir fehlte das gebaute Beispiel des Gegenteils — der Beweis der Vernunft. Bis zum Projekt 2226 von baumschlager eberle. Endlich ist der Weg einer Alternative zur haustechnischen Aufrüstung eröffnet. Seine bautechnische und energetische Konzeption wird hier andernorts beschrieben und hinreichend erklärt. Für mich entscheidend ist die damit erfolgte Rückgewinnung der räumlichen und architektonischen Kompetenz.

Das Objekt, das Gebäude 2226, ist ein Monument und ein Meisterwerk in der Karriere von baumschlager eberle. Hier haben sich Forschung, Wissen, architektonische Kompetenz und langjährige Erfahrung auf beeindruckende Art und Weise in einem großartigen Objekt der Baukunst verdichtet. Atmosphärisch ungemein beeindruckend sind die Räume mit auch klimatisch mitwirkender komfortabler Raumhöhe. In Summe ein Gebäude, das enorme Aufenthalts- und Arbeitsqualitäten bietet. In keinem in der Größe vergleichbaren Gebäude

Masdar development, Foster and Partners

But we will never see the promised successes in real life.

So, all of a sudden the whole development of the Modern in architecture over the last one hundred years is on the table for debate. The task today is to use sustainable and simple technologies in construction. The centuries-old knowledge of architecture must be reactivated. Spatial qualities must be developed which are again in harmony with the users' behavior and which can be used and understood by human beings.

My skepticism and criticism of the hypertrophic development in construction and simulation was growing but I had no built example of the opposite — no concrete proof. Until Project 2226 by baumschlager eberle came along. 2226 opens the door to an alternative to the industry of building technology upgrades. The technical aspects and energy concept are described elsewhere in this volume. What interests me is the recovery of spatial and architectural competence.

2226 is a monument and masterpiece in the career of baumschlager eberle. Research, knowledge, architectural competence and years of experience converge in an impressive way in this milestone building. The heights of the rooms contribute to maintenance of the indoor climate and convey a feeling of spaciousness. It is a building with impressive qualities for both work and leisure. I have not felt as comfortable in a building of comparable size in the last few years. Project 2226 is for me a harbinger of a new epoch of contemporary architecture. It wrests control of architecture from the dominance of building services simulation. As a counter to the dogmas of energy optimization the time has finally come to discuss the contribution made by architecture. But there is more. Could it be that architecture will once again relegate building services to their proper and ancillary role?

In a casual conversation with Dietmar Eberle a few years ago, I shared with him my increasing reservations about the dominance of building services in architecture and he concurred, expressing

der letzten Jahre habe ich mich atmosphärisch so wohlgefühlt. Für mich ist das Projekt 2226 derzeit noch ein singuläres Mahnmal für eine neue Epoche der zeitgenössischen Architektur. Es manifestiert die Rückeroberung des architektonischen Anspruchs gegen die Vorherrschaft der Simulationen der Haustechnik. Endlich können wir auch unter den Dogmen der energetischen Optimierung über den Beitrag der Architektur dazu diskutieren. Mehr noch. Könnte es sein, dass damit die Architektur der Haustechnik wieder ihre dienende Rolle zuweist?

Es liegt schon einige Jahre zurück, als ich Dietmar Eberle beiläufig von meinen zunehmenden Bedenken gegen die haustechnische Vorherrschaft erzählte und er mir schon damals mit seiner Skepsis gegenüber dem herrschenden Trend beipflichtete. Überraschend war sein Bekenntnis damals, dass es keine wirkliche Einsparung von Energie gibt, wenn die volumetrischen räumlichen Qualitäten einer Architektur und das Verhalten und Wohlbefinden seiner Benutzer nicht mitbedacht werden.

Nachbemerkung:
In Österreich gibt es den Staatspreis für Architektur und Nachhaltigkeit. Die Jury teilt sich in Experten der Architektur und der Haustechnik. Das Projekt 2226 wurde von der Beurteilung ausgeschlossen, weil die Jurymitglieder der Haustechnik ihre Berechnungsmethoden auf dieses Gebäude ohne Zwangslüftung nicht anwenden konnten. Simpel gesagt bedeutet das nur: Sind die Forderungen der haustechnischen Industrie nicht erfüllt, darf ein Gebäude nicht «nachhaltig» genannt werden. Befreien wir uns bitte von diesem Irrweg einer Herrschaft der Technologie über das Bauen und folgen wir dem Weg einer Architektur, die wieder ganzheitlich das Bauen in eine gesellschaftliche und kulturelle Verantwortung einbindet. 2226 zeigt uns, dass es heute eine Architektur geben könnte, die allein kraft ihrer Materialität und Architektur energetisch nachhaltig ist. baumschlager eberle waren vor 35 Jahren Pioniere im Holzbau, vor 20 Jahren Pioniere der von der Haustechnik betriebenen Entwicklung der Architektur nach energetischen Parametern. Nun sind sie wieder provokative Pioniere, die das Bauen von der Haustechnik befreien und eine neue Dimension der Rolle einer zeitgenössischen Architektur eröffnen.

his own skepticism vis-à-vis the prevailing trend. At the time I was struck by his assertion that there are no real energy savings unless the volumetric spatial qualities of a building and the behavior and wellbeing of the users are taken into account.

*On a final note:
Austria awards a National Prize for Architecture and Sustainability. The jury is comprised of experts in architecture and building services. Project 2226 was excluded from the competition because the building services members of the jury could not apply their methods of calculation to this building without forced ventilation. Plainly put, that means when the criteria of the building services industry are not met, a building may not be classified as "sustainable". May I respectfully insist that we liberate ourselves from the technological dominance over building and follow instead the path of architecture, which alone can integrate building in a social and cultural context? 2226 shows us that building is possible today which is sustainable from an energy standpoint on the basis of its materiality and architecture alone. Thirty-five years ago baumschlager eberle were pioneers in wood construction, and twenty years ago they were pioneers of the building services driven development of architecture according to energy saving parameters. Today, they are once again provocative pioneers, who liberate building from building services and open up a new dimension for the role of contemporary architecture.*

«Die Welt ist kompliziert und einfach zugleich.»

"The world is both complicated and simple."

Lars

Lars Junghans

Die energetische Konzeption
The Energy Concept

Lars Junghans wurde in Deutschland geboren und studierte Architektur an der TU Braunschweig. Er promovierte im Fachgebiet Gebäudetechnologie an der ETH Zürich und war Postdoktorand an der University of California, Berkeley. Seit 2010 lehrt er als Juniorprofessor an der University of Michigan mit den Schwerpunkten Sustainable Architecture, Building Physics, Building Technology und Building Performance Optimization. Er publiziert regelmäßig wissenschaftliche Beiträge in internationalen namhaften Fachzeitschriften.

Lars Junghans was born in Germany and studied architecture at the Technical University of Braunschweig. He graduated in building technology at the Swiss Federal Institute of Technology in Zurich and was a post doctoral research fellow at the University of California, Berkeley. He has taught as assistant professor at the University of Michigan since 2010 with a focus on sustainable architecture, building physics, building technology and building performance optimization. He regularly publishes scientific articles in internationally renowned journals.

Übergeordnetes Ziel des energetischen Konzeptes des Gebäudes 2226 in Lustenau ist der Beweis: Ein Gebäude kann ohne konventionelle Heiz-, Kühl- oder Lüftungstechnik auskommen bzw. diese Anteile lassen sich gewaltig minimieren. Für das Gebäude 2226 werden darüber hinausgehend hohe Komfortwerte (Temperatur- und Luftwerte) angestrebt. Gebäude, die in den vergangenen Jahren in vergleichbar kaltem Klima gebaut wurden, weisen wegen der relativ hohen Wärmegewinne im Inneren sehr niedrige Bedarfswerte für Heizwärme auf[1] und haben tendenziell Kühlbedarf. Wegen der gut wärmegedämmten Außenhüllen gibt es sogar Überhitzungsprobleme im Winter. Es stellt sich die Frage: Ist es möglich, ein Gebäude zu erstellen, welches durch geschickte Ausnutzung der Umgebungsbedingen, der Tageslichtverläufe und der thermischen Speicherung ganz ohne Wärmetechnik auskommt?

Gebäude ohne aktive Kühltechnik wurden im selben Klima schon oft verwirklicht.

Die größte Herausforderung bei der energetischen Betrachtung von Gebäuden — heute — sind nicht die Klimabedingungen, sondern die alltäglichen Nutzungsschwankungen und die selten auftretenden extremen Situationen im Sommer und im Winter.

Prinzip der Gebäudehülle und internen Speichermasse

Gebäude mit extrem niedrigen Wärmetransmissionswerten und hoher Luftdichtigkeit sind gängige Praxis. Bei der Entwicklung des Gebäudes 2226 wurde ein Schwerpunkt auf das dynamische Verhalten der Wärmeströme in der Gebäudehülle und auf das Reagieren des Gebäudes auf alltägliche Nutzungsschwankungen gelegt. Es ist bekannt, dass zum Beispiel in alten traditionellen Gebäuden mit dicken Wänden die Außentemperaturschwankung kaum wahrgenommen wird.[2] Dieser Effekt wurde bei der Planung des Gebäudes 2226 aufgenommen; man untersuchte, ob es möglich sei, durch die Speicherkapazitäten in der Gebäudehülle extreme Kalt- und Warmperioden zu überbrücken.

Ziel ist es, den Wärmestrom zu reduzieren. Der üblicherweise genannte U-Wert beschreibt die Geschwindigkeit, mit der sich die Temperatur auf einer Seite eines betrachteten Bauteils um 1 Kelvin erhöht. Die konventionelle U-Wert-Beschreibung berücksichtigt jedoch ausschließlich den Wärmestromwiderstand und nicht die Speichereigenschaften des

The primary goal of the energy concept of 2226 in Lustenau is to prove that a building can function without conventional heating, cooling or air-conditioning, or can drastically reduce dependence on these measures. In addition, high comfort values (temperature and air quality) were set. Because of their relatively high interior heat gain, buildings built in a similarly cold climate in recent years display a very low demand value for heating[1] and tend to have cooling needs. Due to the well-insulated outer envelope there are even problems with overheating in winter. The question arises: is it possible, with a clever exploitation of environmental conditions, the natural progression of daylight and thermal storage, to construct a building which does completely without heating technology?

Buildings without active cooling technology have often been realized in the same climate.

Nowadays, the greatest challenges for the design of energy efficient buildings are the daily changes in occupant behavior rather than changing weather conditions.

Principle of the building envelope and internal storage mass

Buildings with extremely low heat transmission values and higher air density are the rule. In the development of 2226 an emphasis was put on the dynamic behavior of the flows of heat in the building envelope and the reaction of the building to daily variations in use. For instance it is known that in old traditional buildings with thick walls the outside temperature is hardly registered.[2] This effect was taken into consideration in the construction of 2226. The potential of bridging extreme cold or warm periods by using the thermal storage capacity of the building envelope was investigated.

The goal is to reduce the flow of heat. What is usually called the U-value describes the speed with which the temperature on one side of the building component in question rises by 1 Kelvin. However the conventional U-value description is limited exclusively to heat flow resistance and does not take the storage capacity of the respective component into account. The storage properties of a material are determined primarily by the thermal capacity. At an increased thermal capacity of the building component the speed of the heat flow is substantially reduced.[3] (Fig. 1)

Bauteils. Die Speichereigenschaft eines Materials wird maßgebend von der Wärmekapazität bestimmt. Bei erhöhter Wärmekapazität des Bauteils wird nochmals die Geschwindigkeit des Wärmestroms maßgeblich reduziert.[3] (Fig. 1)

Deshalb war es ein Ziel bei der Entwicklung des Gebäudes 2226, zu demonstrieren, wie wirksam die Kombination eines hohen Wärmestromwiderstandes und einer hohen Wärmekapazität im Gebäude sein kann. Ziel bei der Planung sowohl der Außenhülle wie des Gesamtgebäudes war es, diesen Effekt zu nutzen, um kritische Zeitperioden zu überbrücken. Das Gebäude wurde aus zwei Schichten eines hoch wärmedämmenden Ziegels gebaut.

Sehr gut wärmegedämmte Gebäude haben oft Überhitzungsprobleme in der kalten Jahreszeit, in der wenig gelüftet wird, um die Lüftungswärmeverluste gering zu halten. Anstatt die warme Raumluft im Winter «wegzulüften», ist es sehr viel zweckmäßiger, diese an den Oberflächen zu speichern. Die hohe interne Speicherkapazität des Gebäudes 2226 hilft, die Oberflächentemperaturen auf einem angenehmen Niveau zu halten und extreme Wettersituationen zu überbrücken.

Im Sommer wird eine Nachtlüftung eingesetzt. Kalte Außenluft gelangt durch die Lüftungsöffnungen ohne mechanische Hilfsmittel ins Gebäude. Die relativ kalte Lufttemperatur reduziert die Oberflächentemperatur der Decke und Wände.[4] Diese kalte Oberflächentemperatur ist tagsüber eine komfortable passive Methode, den Raum zu kühlen. Dafür sind sehr genaue Untersuchungen zum Strömungsverhalten innerhalb des Gebäudes notwendig.

Personenabwärme, Geräteabwärme und die Abwärme der künstlichen Beleuchtung erzeugen Wärmegewinne. Sie hängen maßgeblich von dem Nutzerverhalten und der Nutzerdichte ab. Bei intensiver Nutzung entsteht mehr Wärmeabgabe. Weil die CO_2-gesteuerte Frischluftzufuhr (und die damit verbundenen Lüftungswärmeverluste) im Winter und im Sommer von der Personendichte abhängt, kann diese im extrem gut gedämmten Gebäude 2226 durch die interne Wärmeabgabe der Personen ausgeglichen werden.[5]

Bei selten vorkommenden extremen Situationen im Winter wird die künstliche Belichtung frühzeitig eingeschaltet, um zusätzlich Wärmegewinne im Gebäude bereitzustellen. Die Nutzung von Elektrizität ist im Standort Vorarlberg aus ökologischer Sicht vertretbar, weil der Strom zum größten Teil

That is why one goal in the development of 2226 was to demonstrate how effective the combination of high heat flow resistance and a high thermal capacity in the building could be. The goal of planning and construction of the outer envelope of the entire building was to use this effect to bridge critical periods. The building envelope was constructed with two layers of a high insulating brick.

Fig. 1
The principle of reduced heat throughput due to increased storage capacity in the building envelope

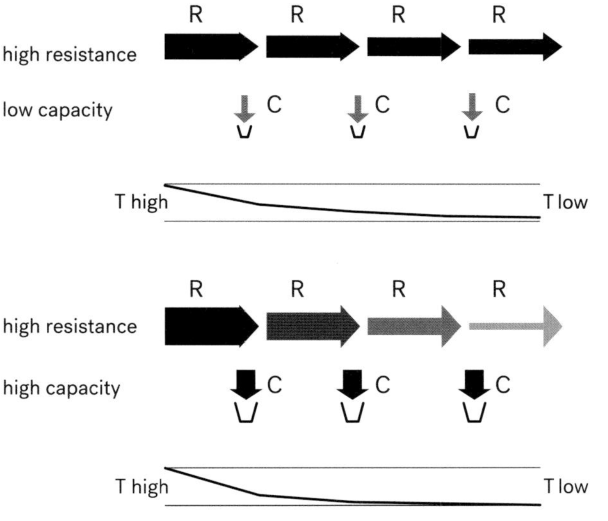

Buildings which are very well insulated often have a problem in winter with overheating because the ventilation is held to a minimum in order to guard against heat loss. It would be preferable to store the heat in the building construction rather than remove it by any type of ventilation. The high internal storage capacity of Building 2226 helps to keep the surface temperature at an acceptable level and to bridge extreme weather events.

In summer night ventilation is used. Cold air from outside is directed into the building through vents without mechanical aid. The relatively cold air temperature reduces the surface temperature in the ceiling and walls.[4] This cooler surface temperature is a good passive way to cool the rooms during the day. Very precise investigations of the flow patterns inside the building are needed to utilize this effect.

Internal heat gains are the heat release of body heat, electrical devices, and artificial lighting. The heat gains depend primarily on the user behavior and the density of users. With more concentrated use there is more heat emission. Since the CO_2 triggered fresh air inlet (and the heat loss connected

aus emissionsarmer Wasserkraft erzeugt wird. Die Menge der dafür benötigten Elektrizität entspricht in ihrer Größenordnung der Betriebsenergie von konventionellen Heizungs-, Lüftungs- und Kühlapparaten (Umwälzpumpen, Ventilatoren etc.).

Im Gebäude 2226 wird die Strategie intensiv angewendet, die Strahlungswärme zur Beurteilung des Behaglichkeitszustands im Raum in die Betrachtung einzubeziehen. Sehr oft wird ausschließlich die Raumlufttemperatur zur Beurteilung der Behaglichkeit herangezogen. Neben der Raumlufttemperatur sind aber auch Strahlungstemperatur, Luftgeschwindigkeit und Luftfeuchtigkeit im Raum von Belang. Dies wird von den internationalen Normen zur Behaglichkeitsbewertung im Raum wie der ISO und der ASHRAE 55 unterstützt.[6]

Unter Strahlungstemperatur versteht man den Einfluss der Oberflächentemperatur auf den menschlichen Körper. Bei einer relativ geringen Lufttemperatur im Winter kann eine relativ hohe Oberflächentemperatur der Umgebung das Komfortempfinden positiv beeinflussen. Ein elementares Ziel des Gebäudes 2226 ist es, die Oberflächentemperatur in den Jahreszeiten im positiven Sinne zu nutzen. Eine durchgehend angenehme Oberflächentemperatur zwischen 22 und 26 C° zu halten, ist das Ziel im Gebäude 2226.

Prinzip der Logik der Gebäudeautomation

Oberstes Ziel der Gebäudeautomation ist die Bereitstellung von hohen Komfortbedingungen und Luftzuständen im Gebäude über das ganze Jahr ohne die Nutzung von konventionellen technischen Systemen wie Heizungs-, Kühlungs- oder Lüftungsanlage. Die größte Herausforderung hierbei ist die Sicherstellung von akzeptablen Raumluftqualitäten in extremen Temperatursituationen im Sommer und im Winter. Im Sommer müssen zu hohe interne Wärmelasten durch die Lüftung und den Speichereffekt der Bauteile abgeführt werden. Im Winter ist es das Ziel, die internen Wärmegewinne und die solaren Wärmegewinne zu nutzen, um den Innenraum angenehm warm zu halten.[7]

Neben den Transmissionswärmeverlusten über die Gebäudehülle sind die Wärmeverluste durch Lüftung ein kritischer Faktor bei der Betrachtung der Wärmeverluste im Winter.[8] Konventionell wird die Frischluft nach der Anzahl der Insassen bemessen und permanent zugeführt. Für das Gebäude 2226 war es das Ziel, im Winter eine natürliche

with ventilation) depends in winter and summer on the density of the users, this can be compensated in an extremely well insulated building like 2226 by the heat emission of the users.[5]

In the few extreme situations in winter artificial lighting is turned on early in the day to create a back up of heat in the building. Electricity use in the Vorarlberg location is tolerable from an ecological standpoint, because the electricity is generated primarily by low emission hydroelectric power. The amount of electricity needed for this purpose corresponds in scale to the operating energy of conventional heating, cooling and ventilation devices (circulating pumps, ventilators etc.).

The strategy in 2226 is to include the radiant heat in the evaluation of the room comfort. Very often only the air temperature in the room is considered in the evaluation of room comfort. In addition to room air temperature, radiation temperature, air velocity and room humidity play a role. These factors are recognized in international norms for room comfort like the ISO and ASHRAE 55.[6]

Radiation temperature indicates the influence of surface temperatures on the human body. At a relatively low air temperature in winter, a relatively high surface temperature can positively influence the sense of comfort in the room. A basic goal of 2226 is to positively use the surface temperatures depending on the season. An acceptable surface temperature between 22 and 26 °C throughout the year is the goal for building 2226.

The building automation logic

The primary goal of the building automation is to provide high levels of comfort and air quality in the building throughout the year without resorting to conventional means like heating, cooling or ventilation systems. The greatest challenge is to guarantee acceptable room air quality in extreme temperature situations in summer and winter. In summer the task is to discharge the excess heat by means of ventilation and the storage effect of the building components. In winter the goal is to use the gains from internal heat and the heat from solar energy to maintain a comfortable room temperature.[7]

In addition to the heat loss by transmission through the building envelope, the loss from ventilation is a critical factor in the consideration of heat loss in winter.[8] *Normally the amount of fresh air is supplied according to the number of users.*

Lüftung bedarfsgerecht bereitzustellen. Die Logik der Gebäudeautomation ist so bestimmt, dass die Lüftungsklappen sich nur dann öffnen, wenn es notwendig ist.[9] Die Lüftungszeit sollte also so gering wie möglich gehalten werden, um einen unnötigen Wärmefluss nach außen zu vermeiden. (Fig. 2)

Eine CO_2-geregelte Lüftungsöffnung erlaubt eine bedarfsgerechte Frischluftzufuhr.[10] Wenn der Raum nur geringfügig belegt ist, wird auch nur wenig CO_2 emittiert.[11] Dieses dynamische Verhalten des Nutzers kann hier dazu dienen, um die notwendigen Luftwechselraten zu minimieren, ohne dass die Luftqualität darunter leidet. Konventionelle Berechnungsmethoden gehen von stündlichen Luftwechselraten aus, welche wegen ihrer ausschließlichen Betrachtung der durchschnittlichen Belegungsdichte kein dynamisches Verhalten zu berücksichtigen vermögen. Die CO_2-geregelte Fensteröffnung stellt dagegen das dynamische Nutzerverhalten in Rechnung und die Luftwechselrate kann bedeutend reduziert werden.[12]

Wie jedes andere Gebäude ist auch das Gebäude 2226 bei geschlossenen Fenstern nicht absolut dicht. Zeiten ohne geöffnete Fenster weisen eine Luftwechselrate infolge Infiltration auf, die mit 0,1 1/h zwar verglichen mit konventionellen Gebäuden gering ist, jedoch ausreicht, um den Raum von Schadstoffen dauerhaft zu befreien.

Eine Balance muss gefunden werden, um sicherzustellen, dass im Winter die Lüftung relativ hohe CO_2-Konzentrationen reduziert, aber gleichzeitig die Raumtemperaturen durch die Luftzufuhr nicht unter die minimale Solltemperatur fallen. Den Zusammenhang zwischen kalter Luftzufuhr und CO_2-Konzentration zeigt Abbildung 2. Es ist zu erkennen, dass die Lufttemperatur im behaglichen Bereich bleibt, wenn diese vor der Fensteröffnung auf einem relativ hohen Niveau liegt. Dieses hohe Temperaturniveau geht wiederum auf die hohe interne Wärmeabgabe von Mensch, Gerät und speichernder Gebäudemasse in Kombination mit der hohen Qualität der Gebäudehülle zurück. Intensive Untersuchungen und Optimierungen wurden vor der Erstellung des Gebäudes durchgeführt, um die bestmöglichen Stellpunkte der Regelung zu definieren. Zugleich soll der Nutzer des Gebäudes die Möglichkeit erhalten, einen bevorzugten Stellbereich eigenhändig definieren zu können.

Im Winter ist es normal, dass die Temperatur der Außenluft unter der gewünschten Raumlufttemperatur liegt. Jedoch kann bei einem sehr gut

The goal in 2226 was to provide natural ventilation according to need. The building automation logic is such that the air vents open when needed.[9] The period of ventilation is as brief as possible in order to reduce unnecessary heat flow to the outside to a minimum. (Fig. 2)

Fig. 2

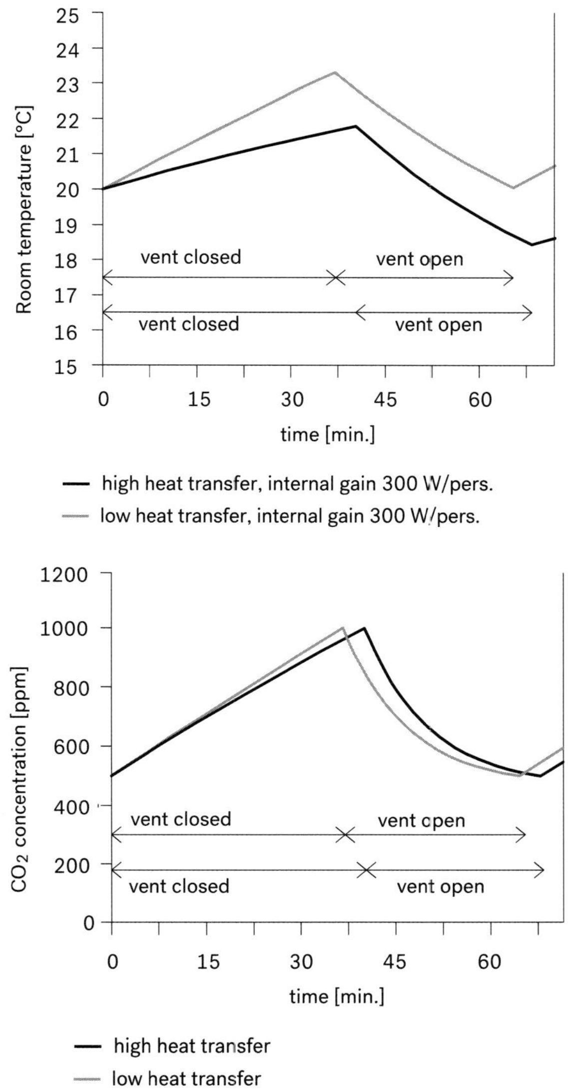

A CO_2 regulated vent allows for supplying fresh air based on need.[10] If the room is minimally occupied, then only a little CO_2 will be emitted.[11] This dynamic behavior of the user can be used to keep the necessary air exchange rates to a minimum, without compromising air quality. In conventional methods of calculation hourly air exchange rates are employed. These rule out such dynamic behavior because they only consider the average density of occupation. Conversely, the CO_2 regulated window opening takes into account the dynamic behavior

gedämmten Bürogebäude die Außenluft deutlich unter der gewünschten Raumluft liegen, weil die internen Wärmequellen ausreichen, um die kühlen Lüftungstemperaturen zu kompensieren. (Fig. 3)

Fig. 3
Monitoring

Simplified diagram of the logistics of building automation

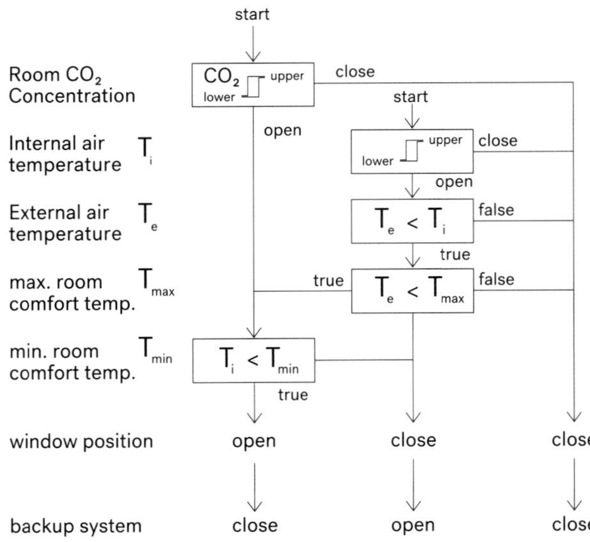

Das wichtigste Element der Klimaregelung im Gebäude 2226 sind die vertikalen Lüftungsklappen an den Fenstern. Sie sind der wichtigste Kontrollparameter, um den Wärmehaushalt des Gebäudes so zu regulieren, dass kein mechanischer Wärmeeintrag erforderlich ist. In Kombination mit den internen Wärmegewinnen werden die Lüftungsklappen so geregelt, dass die einströmende Luft den Innenraum je nach Jahres- und Tageszeit und je nach Frischluftbedarf natürlich belüftet. Die Lüftungszeit ist maßgebend für die Definition der automatisierten, bedarfsgerechten natürlichen Lüftung. Kontrollparameter hierbei sind die Innentemperatur, Luftfeuchtigkeit, CO_2-Konzentration und Außentemperatur.

Eine gute Lüftungseffizienz erzeugt kurze Lüftungsintervalle. Die Lüftungseffizienz sagt aus, wie lange es dauert, bis das Luftvolumen eines Raumes vollständig durch eine Lüftungsmaßnahme ausgetauscht ist. Maßgebliche Faktoren der Lüftungseffizienz bei einer natürlichen Lüftung sind Lage, Art und Gestaltung der Lüftungsöffnungen. Beim Gebäude 2226 sind vertikale Lüftungsöffnungen vorgesehen, welche für die natürlich gegebenen Druckunterschiede in unterschiedlicher Raumhöhe eine bestmögliche Durchlüftung versprechen. Die relativ hohen Räume erzeugen eine besonders schnelle Durchlüftung,

of the users leading to a significant reduction in the air exchange rate.[12]

Periods during which the vents are closed show an air exchange rate of 0.1 1/h as a consequence of infiltration. In comparison with conventional buildings this is very low but is still enough to continuously discharge pollutants from the room.

In winter, a balance must be found to ensure that the natural ventilation reduces the relative high CO_2 concentrations, while at the same time the room temperatures do not fall below the desired comfort level because of the supply of fresh air. The link between the influx of cold air and CO_2 concentration is shown in figure 2. It shows that the air temperature stays in the comfortable range if this is already high before the windows are opened. This high temperature is achieved by the high internal heat emission from users, machines and the storage capacity of the building mass. Extensive investigations and optimizations were conducted before construction began in order to establish the best adjustment points for the controls. At the same time building users should be given the opportunity to define a preferred adjustment range.

In winter, the outside temperature is always below the desired inside temperature. However, a well insulated office allows natural ventilation at significantly lower external temperatures than in conventional buildings. This is because the internal heat gain compensates for the heat loss caused by ventilation. (Fig. 3)

The most important climate control elements in 2226 are the vertical vents on the windows.They are the most important control devices for regulating the thermal household of the building so that no additional mechanical heat input is needed. In combination with the internal heat gain the vents are adjusted so that air flowing into the building naturally ventilates the rooms with the correct amount of fresh air according to the season and time of day. The period of ventilation is crucial for the definition of automated, needs-based natural ventilation. The control parameters are the internal temperature, relative humidity, CO_2 concentration and external temperature.

Short ventilation intervals are possible with good ventilation efficiency. The ventilation efficiency determines how long it takes until the volume of air in a room has been completely exchanged by

sodass sich die Zeitintervalle der natürlichen Lüftung im Winter reduzieren lassen. (Fig. 4)

Vorausgegangene Untersuchungen haben gezeigt, dass die CO_2-Konzentration nicht gleichmäßig im Raum zunimmt. Sie verhält sich vielmehr wie warme Luft und sammelt sich hauptsächlich in Deckennähe.[13] Die die CO_2-Konzentration im Aufenthaltsbereich steigt langsamer an.[14] Dadurch ist es möglich, dass der Raum im Winter für eine längere Zeitperiode auf zusätzliche Lüftung verzichten kann, als zu erwarten ist bei der herkömmlichen Betrachtungsweise, die von einer uniformen CO_2-Konzentration ausgeht.

Auch hier kommt die große Raumhöhe dem Energiekonzept zugute. Aufgrund des größeren Volumens, insbesondere oberhalb des Aufenthaltsbereichs, dauert es länger, bis die CO_2-Konzentration Grenzwerte überschreitet.[15] Diese längeren Zeitperioden zwischen jeweils nötiger Lüftung bewirken eine Herabsetzung der Lüftungsdauer pro Stunde. Dies bedeutet weniger Wärmeverluste durch Lüftung im Winter.

Prinzip der Tageslichtnutzung

Eine gute Tageslichtverteilung ist eine wichtige Maßnahme, um den Gesamtenergiebedarf zu reduzieren. Eine gute Verteilung des Tageslichts im Raum reduziert den Bedarf an Kunstlicht. Weil das Kunstlicht elektrischen Strom benötigt, wurde bei der Planung des Gebäudes 2226 diesem Aspekt besondere Beachtung geschenkt. Dem Tageslicht wurde Vorrang eingeräumt, wobei die Sonnenstrahlung zu einem Konflikt zwischen Licht- und Wärmeeintrag führen kann. Diese optimierte Tageslichtverteilung wird ermöglicht durch die große Raumhöhe (lichte Höhe: 3,30 Meter) und die Reduktion der Fensterflächen auf ca. 16 Prozent der Fassadenflächen.

Es ist eine Balance erforderlich, die ohne Hilfsmittel ein Optimum herstellt aus möglichst viel Tageslicht, möglichst viel solarem Gewinn im Winter, aber möglichst wenig solarem Eintrag im Sommer. Große Fenster sind vorteilhaft, wenn es darum geht, das Tageslicht und die solaren Gewinne zu erhöhen. Dem steht gegenüber, dass die solaren Gewinne im Sommer Überhitzung mit sich bringen und dass der Wärmestrom durch das Bauteil Glas trotz großer technischer Fortschritte bei neuen Gläsern noch immer hoch ist. Alle Faktoren in Rechnung gestellt, hat sich erwiesen, dass die Fensterfläche eines Bürogebäudes relativ gering sein sollte. Im vorliegenden Fall liegt die

the ventilation. Crucial efficiency factors for natural ventilation are the location, type and design of the vents. A vertical arrangement of the vents for building 2226 was deemed the best solution for the existing differences in pressure due to the various room heights. The relatively high room ensures that the stratification effect of the accumulated carbon dioxide can be used for long intervals where fresh air supply is not needed. (Fig. 4)

Fig. 4
CO_2 concentration at room height as a function of time

The CFD calculation is for a room without natural ventilation

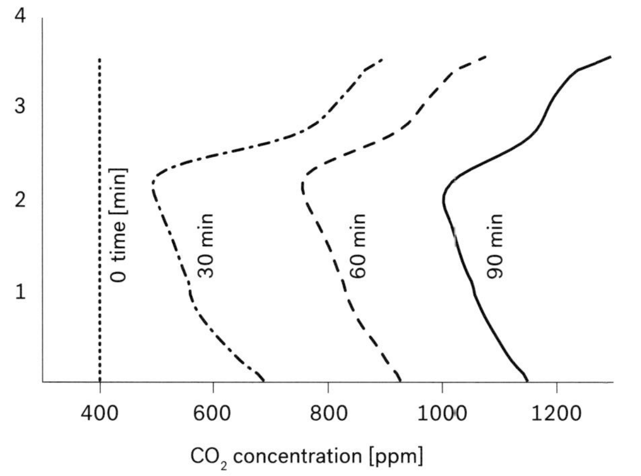

Previous investigations have shown that the CO_2 concentration does not increase uniformly in the room. It acts much more like warm air, concentrating primarily at ceiling level.[13] *That means that the CO_2 concentration in the occupied area increases more slowly.*[14] *And that means that the room can do without additional ventilation for a longer period of time in winter than might be expected from the conventional calculation, which assumes a uniform CO_2 concentration.*

The high room height is also an advantage here. Thanks to the greater volumes, especially above the occupied areas, more time is needed until the CO_2 concentration exceeds a threshold value.[15] *These longer intervals between necessary ventilation make it possible to reduce the period of ventilation time per hour. Which means less heat loss due to ventilation in winter.*

The use of daylight

Good distribution of daylight is an important means for reducing the overall energy requirement. The need for artificial light can be reduced with a good

Glasfläche bei 16 Prozent der Fassadenfläche. Doch es kommt auch aufs Detail an.

Das intensivste Tageslicht kommt über die längste Zeit des Jahres vom Zenit. Das Licht vom Zenit ist bei bedecktem Himmel etwa drei Mal stärker als jenes vom Horizont. Ziel muss es also sein, dem Raum möglichst viel Tageslicht aus einem zenitnahen Bereich zuzuführen. Hohe Fenster erweisen sich unter diesem Aspekt als vorteilhaft. Das Gebäude 2226 mit seinen 3,30 Meter hohen Räume und hohen, vertikalen Fenstern erzielt nicht nur eine gute Tageslichtausbeute, sondern aufgrund der regelmäßigen Verteilung von Fenster und Wand auch eine besonders gute Tageslichtverteilung im Raum — gleiche Helligkeit bei ausgeglichenen Kontrasten.

Die optimale Verteilung des Tageslichts führt dazu, die Zeiten künstlicher Belichtung zu reduzieren. Kunstlicht wird insbesondere morgens im Winter benötigt, wenn wegen kurzer Tage, flachen Sonnenstands und schlechter Witterung wenig Tageslicht bereitsteht. In diesen Zeitperioden dient die künstliche Beleuchtung als zusätzliche Wärmequelle im Gebäude und trägt so positiv zum Wärmehaushalt bei. (Fig. 5)

Fig. 5
Artificial lighting, kWh/m² per year

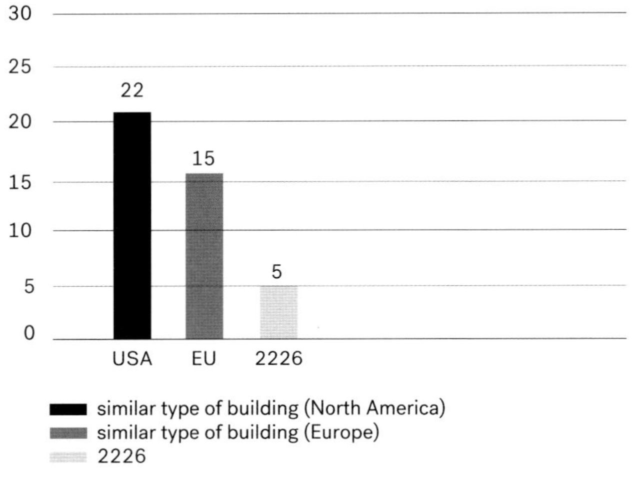

Ergebnis

Das erste Jahr der Gebäudenutzung hat gezeigt, dass das Energiekonzept die Erwartungen erfüllt. Die ersten drei Wochen nach Bezug des Gebäudes gab es eine längere, für diese Gegend ungewöhnliche Hitzephase. Die Raumtemperaturen bewegten sich jedoch auch bei intensiver Belegung im behaglichen Bereich. Im Winter gab es keine nennenswerten Beschwerden bezüglich zu kalter Luft, Zugluft oder zu schlechter Luftqualität. (Fig. 6)

distribution of daylight in the room. Since artificial light can only be provided with electricity, this aspect was given special attention in the planning of 2226. Daylight was given priority, whereby solar radiation can create a conflict between light and heat input. The high clearance height of the rooms of 3.30 meters and the reduction of the window surface to about 16 percent of the total façade surface allow for an optimal distribution of daylight.

A balance had to be found between maintaining an optimum of daylight and solar radiation in the winter and a minimum of solar radiation in the summer. Large windows are advantageous for increasing the gain of daylight and solar radiation. That increase can lead to overheating in the summer because despite technical progress the heat flow created by glass is still high. All things considered, it turns out that the window surface of an office building should be as small as possible. In the case of 2226 that is 16 percent of the façade surface. But the details are important.

The most intense daylight comes from the zenith for most of the year. The light from the zenith is approximately three times stronger with an overcast sky than that from the horizon. The goal becomes letting in as much light as possible from the zenith. High windows are an advantage in this respect. In addition to a good exploitation of daylight thanks to the 3.30 meter high rooms and tall, vertical windows, 2226 also achieves an especially good distribution of daylight in the rooms, by balancing out contrasts to create uniform brightness.

The advantageous distribution of daylight reduces the intervals needed for artificial light. Artificial light is needed in winter mornings, when less daylight is available due to shorter days, low solar altitude and bad weather. Artificial light also serves as an additional source of heat in these periods, contributing to the heat management of the building.

Result

The expectations of the 2226 energy concept have been fulfilled. There was a weather period with unusual high temperatures in the first three weeks of occupation. However even with a full occupation the room temperatures could be kept in a comfortable zone. In winter there were no complaints to speak of concerning cold air, draughts or poor air quality.

Fig. 6
Temperature Top 10, September 2014

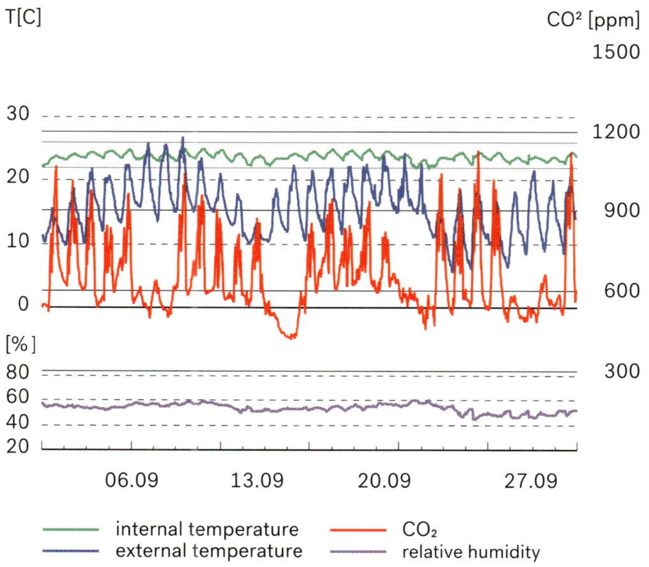

Die Luftqualität wurde von Spezialisten während der Betriebszeiten untersucht. Sie stellten fest, dass die Luftqualität am Arbeitsplatz bezüglich der Schadstoffkonzentration und der Keime besser ist als bei einer konventionellen mechanischen Lüftung. Dies beweist, dass das Konzept «natürliche Lüftung» sehr gut im Gebäude 2226 funktioniert und dass die kontrollierte Stoßlüftung durchaus besser sein kann als eine permanente mechanische Lüftung.

Die Qualität des Tageslichtes ist das ganze Jahr über hervorragend und das Kunstlicht wurde nur selten im Winter eingeschaltet.

Prototypen haben den Zweck, theoretische Erkenntnisse mit der Praxis abzugleichen, Korrekturen vorzunehmen und durch weitere Abstimmung das System zu optimieren. Das war auch beim Gebäude 2226 nicht anders, es wurden einige kleine Verbesserungen an der Logik der Gebäudeautomation unternommen. Für die Nachtlüftung mussten zum Beispiel alle Lüftungsklappen anstatt nur zwei Lüftungsklappen geöffnet werden. Es handelte sich um geringe Anpassungen, welche das Gesamtkonzept nicht infrage stellten, sondern das System selbst bestätigten.

Fußnoten

1 Karsten Voss u. a., «Energy efficient office buildings with passive cooling — Results and experiences from a research and demonstration programme», in: Solar Energy 3, 2007, S. 424 — 434.
2 A. O. Tay, M. G. Stevenson und G. de Vahl Davis, «Using the finite element method to determine temperature distributions in orthogonal machining», in: Journal of Mechatronics and Intelligent Manufacturing, Band 2, 2011, S. 53.

Air quality was investigated by specialists during business hours. It was determined that the air quality at the work stations regarding the concentration of pollutants and germs is better than that provided by conventional mechanical ventilation. This shows that the concept for natural ventilation works very well in 2226 and that intermittent ventilation functions better than permanent mechanical ventilation.

Daylight quality is excellent throughout the year and artificial lighting was only used sporadically in winter.

The purpose of prototypes is to compare theoretical findings with practice, to make corrections and to optimize the system with additional adjustments. That was also the case with 2226, where a few small improvements were made in the building software logic. For instance, for night ventilation all the vents had to be opened instead of just two. These were minor adjustments which actually confirmed the validity of the overall concept.

Endnotes

1 Karsten Voss et al., Energy efficient office buildings with passive cooling. Results and experiences from a research and demonstration programme, Solar Energy 2007. University Wuppertal, Germany.
2 Tay, A. O., Stevenson, M. G. and de Vahl Davis, G., "Using the finite element method to determine temperature distributions in orthogonal machining," in: Proceedings of the Institution of Mechanical Engineers, June 1974, 188: 627 — 638; doi:10.1243/PIME_PROC_1974_188_074_02.
3 Bruno Keller and Eugen Magyari, "A universally valid strategy for low energy houses," in: Renewable Energy, 1998, 15: 401 — 406.
4 Shaviv E.,Yezioro A. and Capeluto I. G., "Thermal mass and night ventilation as passive cooling design strategy," in: Renewable Energy, 2001, 24: 445 — 452.
5 Emmerich S. J., "Simulated Performance of Natural and Hybrid Ventilation Systems in an Office Building," in: HVAC&R Research, 2006, 12 (4): 975 — 1004.
6 ANSI/ASHRAE Standard 55, Thermal Environmental Conditions for Human Occupancy, Atlanta 2010. Superseded by ANSI/ASHRAE Standard 55 2013. Since 2010, Standard 55 has been rewritten with a renewed focus on application of the standard by practitioners and use of clear, enforceable language. Requirements are now clearly stated and calculation procedures appear sequentially.
7 Mohamed El Mankibi and Michel P., "Hybrid ventilation control design and management," in: ASHRAE Transactions, Winter Conference 2009, Vol. 115, Part 1.
8 Pablo La Roche and Milne M., "Effects of window size and thermal mass on building comfort using intelligent ventilation controller," in: Solar Energy, 2004, 77: 421 — 434.
9 See note 7.
10 Hui P. S., Wong L. T., and Mui P. S., "Using carbon dioxide concentration to assess indoor air quality in offices," in: Indoor Built Environment, 2008, 17: 213 — 219.
11 Andrew Kusiak and Li M., "Optimal decision making in ventilation control," in: Energy, 2009, 34: 1835 — 1845.
12 Fisk W. J. and De Almeida A. T., "Sensor-based demand-controlled ventilation: a review," in: Energy and Buildings, 1998, 29: 35 — 45.

3 Bruno Keller und Eugen Magyari, «A universally valid strategy for low energy houses», in: Renewable Energy 15, 1998, S. 401 — 406.
4 E. Shaviv, A. Yezioro und I. G. Capeluto, «Thermal mass and night ventilation as passive cooling design strategy», in: Renewable Energy 24, 2001, S. 445 — 452.
5 S. J. Emmerich, «Simulated Performance of Natural and Hybrid Ventilation Systems in an Office Building», in: HVAC&R Research 12 (4), 2006, S. 975 — 1004.
6 ANSI/ASHRAE Standard 55, Thermal Environmental Conditions for Human Occupancy, Atlanta 2010.
7 M. El Mankibi und P. Michel, «Hybrid ventilation control design and management», in: ASHRAE Transactions, Band 115, 2009, S. 3 — 9.
8 P. La Roche und M. Milne, «Effects of window size and thermal mass on building comfort using intelligent ventilation controller», in: Solar Energy 77, 2004, S. 421 — 434.
9 Wie Anm. 6
10 P. S. Hui, L. T. Wong und P. S. Mui, «Using carbon dioxide concentration to assess indoor air quality in offices», in: Indoor Built Environment 17, 2008, S. 213 — 219.
11 A. Kusiak und M. Li, «Optimal decision making in ventilation control», in: Energy 34, 2009, S. 1835 — 1845.
12 W. J. Fisk und A. T. De Almeida, «Sensor-based demand-controlled ventilation: a review», in: Energy and Buildings 29, 1998, S. 35 — 45.
13 W. J. Massman, «A review of the molecular diffusivities of H_2O, CO_2, CH_4, CO, O_3, SO_2, NH_3, N_2O, NO, and NO_2, in air, O_2, and N_2 near STP», in: Atmospheric Environment 32 (6), 1998, S. 1111 — 1127.
14 Adrian Bejan, Convection Heat Transfer, 3. Auflage, Hoboken 2004.
15 P. C. Chou u. a., «Influence of Ventilation Routes on Indoor Pollutant Elimination in a Working Environment», in: Indoor and Built Environment 15, 2006, S. 473.

13 Massman W. J., "A review of the molecular diffusivities of H_2O, CO_2, CH_4, CO, O_3, SO_2, NH_3, N_2O, NO, and NO_2, in air, O_2, and N_2 near STP," in: Atmospheric Environment, 1998, 32 (6): 1111 — 1127.
14 Adrian Bejan, Convection Heat Transfer, 4th edition, 2013, Hoboken: Wiley & Sons.
15 Po-Cheng Chou, Chiang C.-M. and Lee C.-Y., "Influence of Ventilation Routes on Indoor Pollutant Elimination in a Working Environment, in:" Indoor and Built Environment, October 2006, 15 (5): 473 — 481.

Peter Widerin

Die Steuerung 2226
The Control System

Peter Widerin wurde 1971 in Dornbirn (Vorarlberg) geboren und studierte Physik an der TU Wien, Theoretische Physik an der ETH Zürich sowie Photonik an der FU Hagen. Er ist spezialisiert in den Bereichen Mikroelektronik (Chipdesign und Verifikation) und Optik (Multiplexer und Splitter) und Autor mehrerer Patente im Bereich der Mikroelektronik und integrierten Optik. Ferner ist er als Lehrbeauftragter an der FH Vorarlberg tätig und publiziert Beiträge im Bereich der Theoretischen Physik.

Peter Widerin was born in Dornbirn (Vorarlberg, Austria) in 1971 and studied physics at the Technical University of Vienna, theoretical physics at the Swiss Federal Institute of Technology in Zurich and photonics at the University of Hagen. He works in microelectronics (chip design and verification) and optics (multiplexers and splitters). He holds several patents in the areas of microelectronics and integrated optics. He lectures at the Vorarlberg University of Applied Sciences and publishes articles on theoretical physics.

www.widerin.com

BRÜNDLMAYER
ilios

«Das Gebäude schöpft die vorhandene Physik (beispielsweise die Wärmespeicherung der Baumasse) aus und schafft damit ein wunderbares Raumklima. Die Technik ist so einfach wie möglich und kommt mit ganz wenig zusätzlichem Equipment aus. Ein einziger Server genügt, damit alles tadellos funktioniert. Der Nutzer kann machen, was er will, ohne sich um die Technik kümmern zu müssen. Das Gebäude stellt einfach einen guten Grundzustand her.»

"The building makes the most of the existing physics (for example heat storage in the building mass) and creates a wonderful room climate. The technology is kept as simple as possible and requires very little equipment. A single server is all that is needed for everything to run smoothly. Users are free to carry on doing whatever they like without having to pay attention to the technology. The building simply creates an excellent basic condition."

Peter Widerin
Physiker und Chipdesigner
Physicist and chip designer

Die Gebäudetechnik hat sich in den vergangenen Jahrzehnten zu einem wichtigen Bestandteil moderner Gebäude entwickelt. Neue Möglichkeiten im Bereich der Steuerungs- und Sensortechnik, gepaart mit Innovationen auf dem Gebiet der Heizungs- und Lüftungstechnik, ließen moderne Gebäude zu Hightechanlagen mit aufwendiger Steuerung und komplizierten Heizungs- und Kühlsystemen anwachsen. Als Folge stellt die Gebäudetechnik mittlerweile einen großen Kostenfaktor sowohl in der Anschaffung als auch in der stetigen Wartung dar.

In diesem Zusammenhang erscheint der Ansatz eines Gebäudes, bei dem das Raumklima lediglich durch die ohnehin vorhandenen technischen Einrichtungen (wie Fensteröffner, Beleuchtungen, Kühlschränke, Server, Kaffeemaschinen, Kunstlicht etc.) und dem Benutzer bei gleichzeitiger Interaktion mit den ortsspezifischen Bedingungen (Sonneneinstrahlung, Temperaturverläufe, Verschattungen) und die natürlich vorhandene Kühlung (in der Nacht) gewährleistet wird, auf den ersten Blick geradezu verwegen und wirft viele Fragen auf.

Ist es überhaupt möglich, in einem Gebäude ohne Heizung und ohne aktive Kühlung ein angenehmes Raumklima bei sehr guter Luftqualität zu gewährleisten? Ist es möglich, mit den vorhandenen Wärmequellen wie Beleuchtung, Computern und Benutzern behagliche Raumtemperaturen zu erreichen? Ist es möglich, die Hitze eines Sommertages nur durch Nachtkühlung auszugleichen? Ist es möglich, diese Aufgabe nur durch gesteuerte Lüftungsklappen zu erfüllen, und wie muss eine solche Steuerung beschaffen sein?

Da dieses Gebäude sehr variabel genutzt wird (Besprechungsräume, Cafeteria, Kunstgalerie, Wohnungen, Einzelbüros, Großraumbüros), muss diese Steuerung sowohl individuell als auch robust sein — und jederzeit auf die Spuren, die der Benutzer hinterlässt, reagieren können. Aus dieser Anforderung folgt die Notwendigkeit eines Systems mit Rückkoppelung, eine sogenannte Regelung. Durch eine stetige Erfassung und Beurteilung des Ist-Zustandes kann die Regelung sofort und raumgenau die nötigen Schritte zur Veränderung der Luftqualität, Luftfeuchtigkeit und Raumtemperatur veranlassen.

Technik

Das Gebäude 2226 besteht aus sechs Stockwerken über einem offenen Grundriss und mit jeweils

In the past decades the importance of building technology in new buildings has increased. New possibilities in the area of control systems and sensor technology, together with innovations in heating and ventilation have turned modern buildings into high-tech facilities with costly controls and complicated heating and cooling systems. As a consequence, building technology has become a major cost factor in building construction as well as ongoing maintenance.

In this context, it seems almost reckless to design a building in which the indoor climate is maintained solely through existing technical features, the users and their interaction with site specific conditions, and the naturally occurring cooling (at night). Existing technical features include window openers, refrigerators, servers, coffee machines, artificial lighting, while site specific conditions comprise solar radiation, temperature variations, and shading. This approach gives rise to many questions.

Can a building without heating or active cooling offer a comfortable indoor climate and excellent indoor air quality? Is it possible to achieve comfortable room temperatures with existing heat sources like artificial lighting, computers and the users themselves? Can the heat accumulated during a summer day be offset by night cooling alone? Can this task be accomplished with automated natural ventilation vents alone, and how should such a control system be designed?

Because 2226 is used in a variety of occupancies (conference rooms, cafeteria, art gallery, apartments, single offices, open plan offices), this control system must be both individual and robust. It must be capable of responding to every trace the user leaves behind at any time. This capability requires the system to work with a so-called loop of feedback control. By continuously measuring and evaluating the as-is state, the feedback control can immediately take the necessary steps to maintain air quality, humidity and room temperature.

Technology

House 2226 has six floors including the ground floor. It features an open floor plan with four principal rooms located at the corners of the building, each room benefitting from orientation in two directions. (Fig. 1)

vier Haupträumen an den Gebäudeecken. Somit hat jeder dieser Räume Außenwände in zwei Himmelsrichtungen. (Fig. 1)

Fig.1
Window opening system

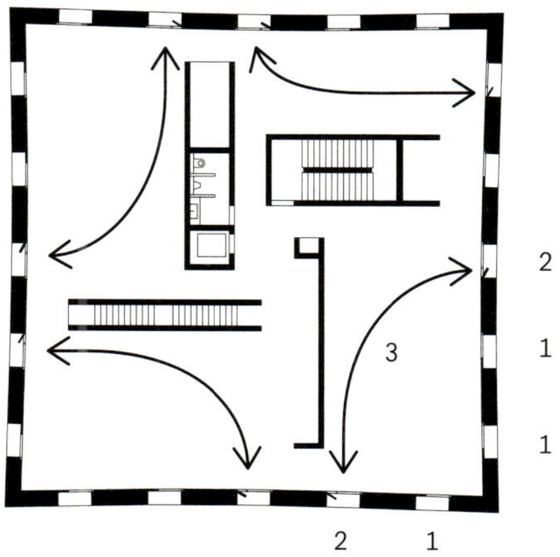

1 *Manual casement windows*
2 *Automatic casement windows*
3 *Cross ventilation*

Jeder dieser 24 Räume ist mit Sensoren für Temperatur, CO_2-Gehalt und Luftfeuchtigkeit ausgestattet, die in Echtzeit ausgelesen werden. Zusätzlich ist auf dem Dach eine Wetterstation zur Erfassung der Außentemperatur und der Wind- und Lichtverhältnisse installiert. Sämtliche Daten wertet ein Facility-Server — ein zentraler Computer — aus und bewertet jeden einzelnen der Haupträume individuell. Basierend auf dieser Auswertung öffnen oder schließen sich jeweils die beiden am entferntesten angeordneten, diagonal gegenüberliegenden Lüftungsklappen in diesem Raum gemeinsam. Die Daten jedes Raums zeigt ein Touchscreen an, der außerdem die Bedienoberfläche für die Beleuchtung, die übrigen Lüftungsklappen, die Eingangsüberwachung und für den Türöffner darstellt. (Fig. 2)

Die Kommunikation zu den Aktoren (Stellmotoren, die elektrische Signale in mechanische Bewegung umsetzen) der Fensteröffner und zu den Sensoren erfolgt über ein fix verkabeltes Bussystem.[1] Die Datenleitung zum Facility-Server und wieder zurück zu den Touchscreens erfolgt via Ethernet. Die Regelung des Gebäudes 2226 benötigt als zusätzliche Hardware daher lediglich die 24 Sensoren in den jeweiligen Räumen und die Wetterstation auf dem Dach und verwendet den heute üblichen zentralen Facility-Server. Alle anderen Komponenten wie die Aktoren

Each of these twenty-four rooms is equipped with sensors that track temperature, CO_2 concentration and humidity in real time. In addition a weather station, which records outside temperature as well as wind and light conditions, has been installed on the roof. All data is evaluated by a facility server, a central computer, with each of the rooms being individually evaluated. Based on these evaluations, two vents — which are furthest and diagonally from each other — are either opened or closed in the respective room. The data in each room is shown on a touchscreen, which is also the user interface for the lighting, the other vents, the entrance monitoring system and the door opener. (*Fig. 2*)

Fig. 2
Touchscreen

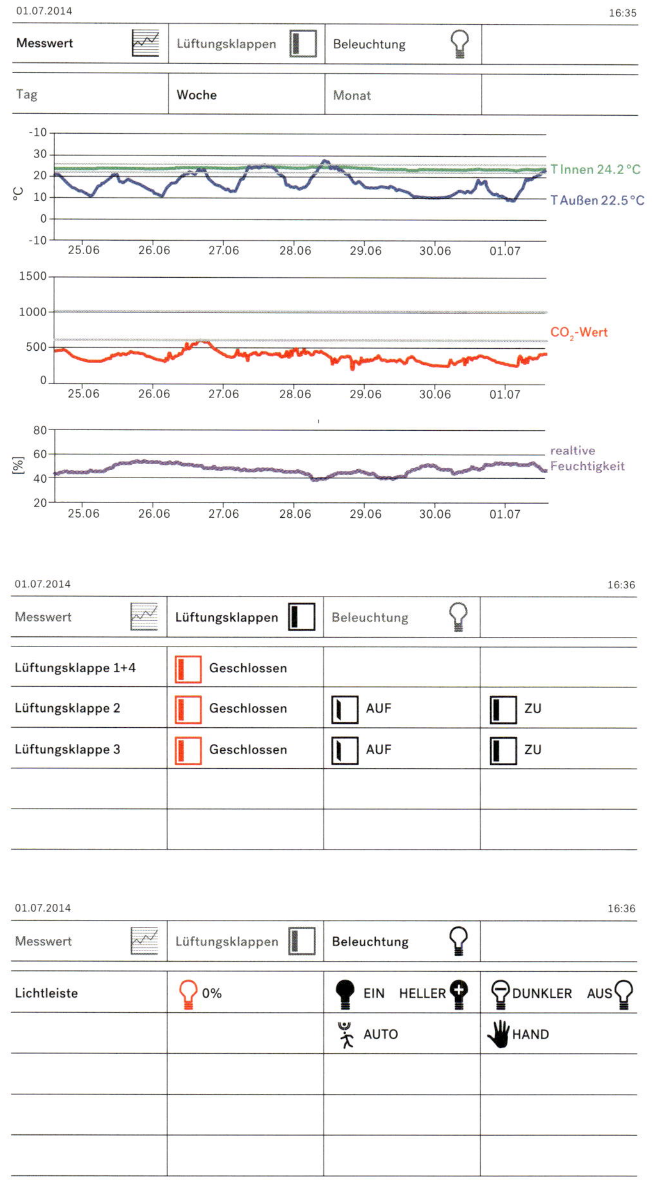

zur Fensteröffnung und Touchscreens zur manuellen Bedienung der Lüftungsklappen, der Beleuchtung und der Facility-Server gehören inzwischen unabhängig von der Regelung zur Standardausstattung von Gebäuden.

Regelung

Wie kann nun die Regelung, bei stark variablen internen Wärmequellen und Außentemperaturspitzen von unter minus 10 °C bis über 30 °C, einen gewünschten Temperaturbereich zwischen 22 und 26 °C für die Innenräume erreichen? Wie kann die Qualität der Innenluft auf hohem Niveau gehalten werden? (Vergleiche hierzu den Beitrag von Lars Junghans auf Seite 50).

Der Regelung der Frischluft liegen die Messdaten der Sensoren zugrunde. Ausschlaggebend ist der CO_2-Gehalt der Raumluft. Sobald der CO_2-Gehalt der Raumluft eines Büros den Grenzwert von 1200 ppm erreicht hat, werden unabhängig von der Innentemperatur und der Außentemperatur die Lüftungsklappen geöffnet, bis der CO_2-Gehalt wieder unter 800 ppm gesunken ist. Da jedes Büro einzeln geregelt wird, passt sich das Lüftungsverhalten der CO_2-Produktion der jeweiligen Büros individuell an — je mehr Benutzer sich im Raum befinden, desto öfter wird die automatische Querlüftung aktiviert. In einem unbenutzten Raum dagegen findet überhaupt keine CO_2-bedingte Lüftung statt. Die sehr gute Luftqualität in der Umgebung des Gebäudes 2226 ermöglicht diese einfache Art der Regelung.

Der Schlüssel zur Regelung der Temperatur ist das Gebäude selbst. Aufgrund der massiven Bauweise, mit Betondecken und starken homogenen Außenwänden, vereint das Gebäude zwei wichtige physikalische Eigenschaften: sehr geringe Wärmeleitung der Außenwände (U-Wert) bei gleichzeitig sehr hoher Wärme(speicher)kapazität sowohl der Außenwände als auch der Decken und Böden.[2] Die Wärmeleitung charakterisiert die Wärmemenge, die pro Sekunde und Quadratmeter Wand bei gegebener statischer Temperaturdifferenz verloren geht.[3] Die Wärmekapazität gibt an, welche Wärmemenge benötigt wird, um ein Material um 1 Kelvin zu erwärmen. Eine massive Wand, wie die 76 Zentimeter dicken Ziegelaußenwände des Gebäudes 2226, speichert sehr viel Wärme und muss daher bei Schwankungen der Außentemperatur zuerst selbst abgekühlt bzw. aufgewärmt werden. Daher wirken dicke Außenwände wie ein Tiefpassfilter[4] (d. h. eine Art Puffer),

The communication with the actuators (servomotors which convert the electrical signals into mechanical movement) of the vent openers and with the sensors runs through a permanently wired bus system.[1] *Data transfer to the facility server and back to the touchscreens runs via the Ethernet. That means that the only additional hardware required for the control system of 2226 are the twenty-four room sensors and the weather station on the roof, in combination with the now standard central facility server. All other components — like the actuators for opening the vents and touchscreens for their manual operation, the illumination and the facility server — are standard equipment for building services today.*

Control system

How can the electronic control achieve a desired inside temperature range of 22 to 26 °C with fluctuating internal heat sources and outside temperature peaks ranging from minus 10 °C to more than 30 °C? How can the air quality inside be kept at a high level? (See the contribution by Lars Junghans on page 50.)

The fresh air control is based on the measurement data. Key factor is the CO_2 concentration in the room. As soon as the CO_2 concentration of the air in an office reaches the limit of 1200 ppm, the vents are opened, regardless of internal and external temperatures, until the CO_2 concentration drops to 800 ppm. Since each office is individually monitored, the CO_2-production ventilation adjusts to the individual offices. The more users there are in a room, the more often the room is automatically cross-ventilated. An unused room is not ventilated for CO_2 at all. The excellent outdoor air quality in the neighbourhood of 2226 makes this kind of simple control possible.

The key to the temperature control is the building itself. Based on the solid construction, with concrete ceilings and thick homogenous exterior walls, the building combines two important physical properties: very low heat conduction in the exterior walls (U-value) and a very high heat storing capacity in the exterior walls as well as the ceilings and floors.[2] *The heat conduction characterizes the amount of heat lost per second and square meter of wall at a given static temperature difference.*[3] *The thermal capacity indicates the quantity of heat required to warm a material by one degree Kelvin. Massive walls, like the 76 centimeter exterior brick*

der kurzfristige Temperaturschwankungen fast vollständig ausgleicht. So schwächen sich zum Beispiel stündliche Schwankungen der Außentemperatur durch die Hülle des Gebäudes um den Faktor 50 ab.

Damit ist gewährleistet, dass die innere Oberflächentemperatur der Wände keine unerwarteten Spitzen aufweist und das Gebäude sich bezüglich Temperaturänderungen sehr träge verhält. Diese Filterwirkung der Außenwand hängt stark von der Dicke der Wand ab, was die Temperaturleitfähigkeit beschreibt. Bei homogenen Wänden wächst die typische Zeit für eine Temperaturänderung quadratisch mit der Dicke der Wand.[5] So reagieren Gebäude mit nur 25 Zentimeter dicken Ziegelwänden ca. zehn Mal schneller auf Temperaturschwankungen als die vorliegende Konstruktion und zeigen eine deutlich geringere Filterwirkung.

Wie sieht es mit den jährlichen Temperaturschwankungen aus? Hier kommt die große Wärmekapazität der 25 Zentimeter dicken Betondecken und der massiven Innenwände in Kombination mit der geringen Wärmeleitfähigkeit der Gebäudehülle zum Tragen. Die Raumtemperatur kann der jährlichen Temperaturschwankung von ca. +/- 10 °C nur mit einer Verzögerung von ca. zwei Monaten und einer Abschwächung um den Faktor 2 folgen. Es verbleibt für die Regelung daher eine relativ glatte Innentemperaturschwankung von ca. +/- 5 °C, die durch geeignetes Lüften gehalten werden muss. (Fig. 3)

Fig. 3
Heat capacity

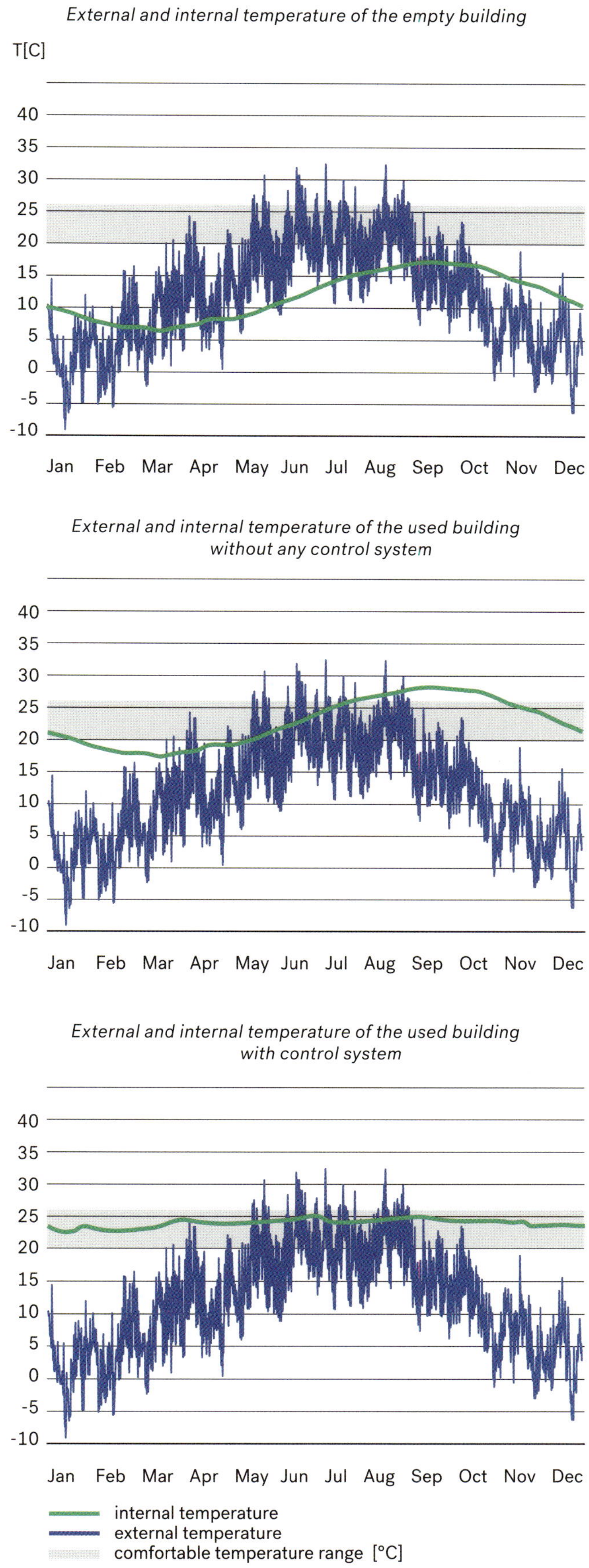

Aufgrund der sehr geringen Wärmeleitfähigkeit der Hülle genügt bereits eine Heizleistung von 8 Watt/m^2, um das Gebäude selbst bei kalten Außentemperaturen (- 6 °C) in den gewünschten Temperaturbereich zwischen 22 und 26 °C zu erwärmen. Rechnet man mit 100 bis 200 Watt pro Arbeitsplatz, so genügen bereits wenige Computer, um die geforderte Heizleistung zu erreichen. Mit den kurzen Tagen des Winters steigen der Bedarf an künstlichem Licht und daher die zusätzliche Heizleistung aufgrund der Beleuchtung. Damit ist in der kalten Jahreszeit bei Nutzung des Gebäudes ein höherer Heizeintrag gegeben. Bei sehr langen, kalten Perioden mit wenig internen Wärmequellen (z. B. am Ende der Weihnachtsferien) kann die Regelung die Beleuchtung als Backup-Heizung aktivieren.

Die Variablen

Wie ist der Wärmeeintrag des Nutzers selbst zu bewerten? Hier muss berücksichtigt werden, dass ein erwachsener Mensch bei sitzender Tätigkeit

eine Heizleistung von 100 bis 150 Watt (fühlbare und latente Wärme) hat — und frische Luft benötigt. Die Heizleistung eines Menschen wird bis zu einer Außentemperatur um den Gefrierpunkt mit dem Bedarf an Frischluft kompensiert. Der Austausch von warmer Raumluft durch kalte Frischluft hebt den Wärmeeintrag auf. Für das Gebäude bedeutet das, dass der Einfluss der Benutzer in thermischer Hinsicht bei Außentemperaturen um den Gefrierpunkt ein Nullsummenspiel ist und die Temperaturregelung daher nur sehr schwach von der Anzahl der Personen abhängt.

Die Summe der inneren Wärmequellen zusammen mit der Trägheit des Gebäudes reicht aus, um auch in den Wintermonaten die gewünschte Innentemperatur zwischen 22 und 26 °C zu erreichen.

Comparison day/week, Top 11

Temperature Top 11, June 25, 2014

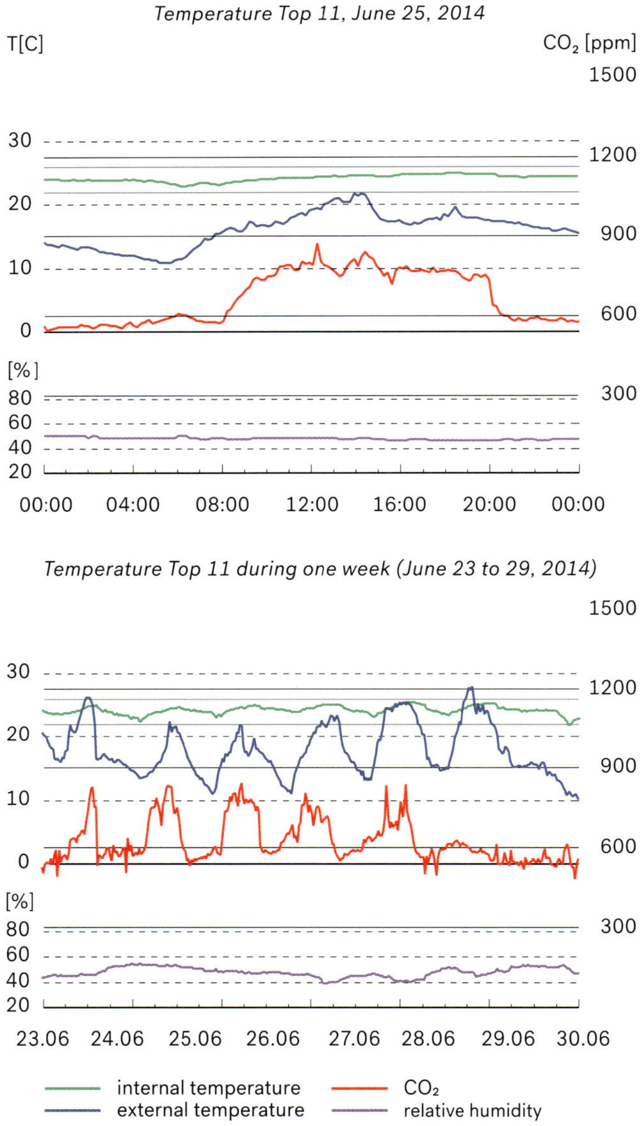

walls of house 2226, store great amounts of heat and must be cooled off or warmed up if there are shifts in the outside temperature. In that sense thick outside walls work like a low-pass filter[4] (a kind of buffer), which almost completely compensates for short term swings in temperature. For instance, hourly changes in the outside temperature are mitigated by a factor of 50 by the building envelope.

That in turn guarantees that the surface temperature of the interior walls is not subject to any unexpected peaks and that the building reacts very slowly to changes in outside temperature. This filter effect of the exterior walls is very much dependent on the wall thickness and is defined by the thermal conductivity. With homogenous walls, the typical time for a change in temperature increases by a power of two with the thickness of the wall.[5] For instance, a brick wall of 25 centimeter thickness reacts approximately ten times faster to temperature changes than the 2226 wall construction. The thinner walls also have much less filter effect.

How do things look with annual temperature changes? This is where the considerable thermal capacity of the 25-centimeter-thick concrete ceilings and the solid interior walls combined with the minimal conduction of heat of the building envelope comes into play. The room temperature can only follow the annual temperature fluctuation of +/- 10 °C with a delay of approximately two months and a mitigation factor of 2. What remains for the control is a relatively smooth inside temperature fluctuation of approximately +/- 5 °C, which must be maintained with proper ventilation. (Fig. 3)

Because of the very low heat conduction of the envelope, a heat output of 8 W/m^2 ensures sufficient heat even at colder outside temperatures (-6 °C) to the desired temperature range of 22–26 °C. Assuming 100 to 200 W per work station, then a few computers are enough to reach the required heat output. During the period of shorter days in winter, the need for artificial light increases and with it the additional heat output incurred by the illumination. A higher heat input is therefore required during the colder winter months. During longer periods of cold with relatively few sources of heat (for instance, at the end of the Christmas holidays) the lighting can be activated as backup heating by the control system.

Daher beschränkt sich die Temperaturregelung im Winter auf das Kühlen durch Querlüften, sobald die inneren Wärmequellen die Büros bis zur oberen Grenztemperatur erwärmt haben.

Wie funktioniert die Kühlung im Sommer? Auch hier wirkt im Wesentlichen die große thermische Trägheit des Gebäudes. Sobald die Außentemperatur in der Nacht unter die Raumtemperatur gefallen ist, öffnen sich die Lüftungsklappen und kühlen den Innenraum, bis entweder die untere Grenztemperatur erreicht ist oder die Außentemperatur wieder über die Raumtemperatur gestiegen ist. Diese Nachtkühlung verhindert ein Überhitzen des Gebäudes und senkt die Raumtemperatur. Die Trägheit des Gebäudes hält diese Temperatur über den folgenden Tag hinweg relativ konstant im gewünschten Bereich. Dieser

The variables

How should the user's heat input be evaluated? In order to do that it should be considered that adults have a heat output of 100 to 150 W (sensible and latent heat) while sitting. They also need fresh air. The heat output of a human being is compensated with the demand for fresh air at outside temperatures as low as the freezing point. The exchange of the warmer air in the room and the cold air from outside cancels the heat input in the room. For the building that means that, from a thermal standpoint, the impact of the users at temperatures around the freezing point is a zero sum game and the temperature control is only very slightly dependent on the number of people. The sum of the internal heat sources together with the thermal inertia of

The Comparison over the year, Top 11

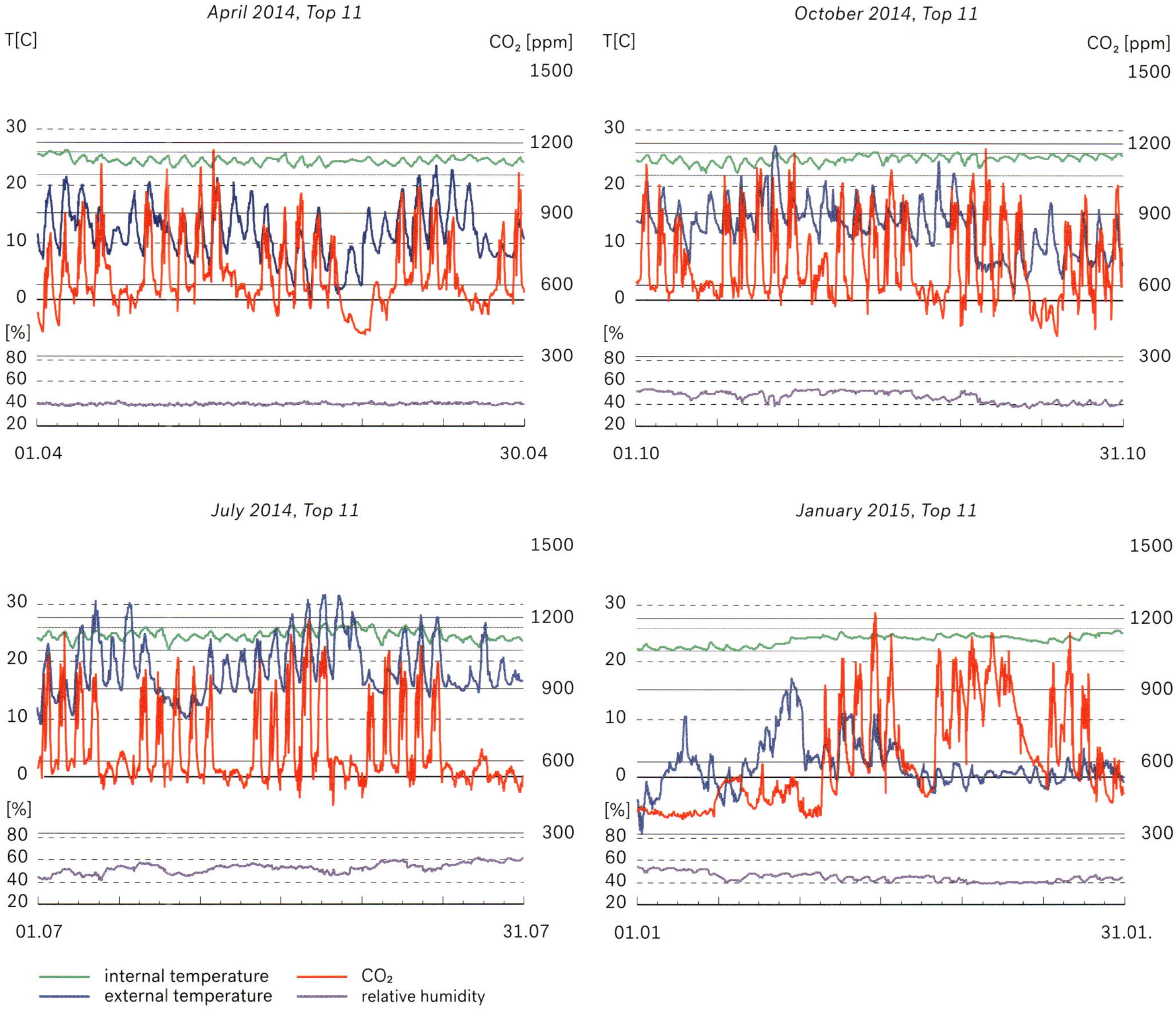

oben beschriebene Zusammenhang setzt voraus, dass in den betreffenden Monaten das Gebäude nur mit minimalem Einsatz von künstlichem Licht funktioniert.

Was geschieht nun, wenn bei großer Hitze und hoher CO_2-Produktion gelüftet werden muss? Die Raumluft wird in diesem Fall mit natürlicher Querlüftung gegen zu heiße Frischluft getauscht, was zu einem vorübergehenden Temperaturanstieg führen kann. Analog kann eine CO_2-bedingte Lüftung im Winter zu einer vorübergehenden Abkühlung der Raumluft führen. In beiden Fällen muss die Wärmekapazität der Innenluft relativ zur Wärmekapazität des Gebäudes betrachtet werden. Die Wärmekapazität der Luft eines Innenraums ist über 100 Mal geringer als die Wärmekapazität der Decke. Das bedeutet, dass selbst ein großer Temperaturwechsel der Innenluft sich nur geringfügig auf die Temperatur des Gebäudes insgesamt auswirkt. Nach kurzer Zeit gleicht sich die Temperatur des Innenraums wieder der Temperatur des Gebäudes an und die Raumluft wird im Sommer gekühlt und im Winter erwärmt.

Es gehört zum Konzept des massiven Gebäudes, dass es über hohe Räume verfügt. Nicht nur lassen die dadurch möglichen hohen Fenster Licht in die Raumtiefe, die Raumhöhe führt auch zu einem höheren Luftvolumen je Nutzer und zu einer Durchmischung der Raumluft und damit zu einer deutlichen Reduktion des Lüftungsbedarfs.

Wie ist es um das individuelle Bedürfnis des Nutzers nach frischer Luft bestellt? Kann der Benutzer jederzeit die manuell bedienbaren Lüftungsklappen öffnen oder unterbindet die Regelung das? Jedem Raum stehen zwei bis vier Lüftungsklappen zur Verfügung, die zu jeder Zeit manuell über den Touchscreen bedient werden können. Die Regelung greift hier nur insoweit ein, dass sich nach einer festgesetzten Zeit (typischerweise 15 Minuten) die Klappen wieder schließen, um ein Auskühlen bzw. Überhitzen zu verhindern, was nach bisheriger Erfahrung der Mitarbeiter geschätzt wird.

Energieverbrauch (Fig. 4)

Der Energieverbrauch des Gebäudes ist ausschließlich durch den Stromverbrauch gegeben — Strom und Energie sind gewissermaßen synonym. Der Energieverbrauch lässt sich daher einfach erfassen. Im ersten Jahr (von August 2013 bis Dezember 2014) betrug der gesamte Stromverbrauch — inklusive Außenbeleuchtung, Lift, Küche, Kunstgalerie, Bürobetrieb

the building is enough to maintain the desired indoor temperature of 22 to 26 °C. In winter, the temperature control is therefore limited to cooling by cross ventilation as soon as the internal sources have heated the offices to the upper temperature limit.

How does the cooling work in summer? The thermal inertia of the building also plays a significant role here. As soon as the outside temperature falls below the room temperature at night, the vents open and let in cool air until either the lower temperature limit is reached or the outside temperature rises above the room temperature. The night cooling prevents the building from overheating and lowers the room temperature. The thermal inertia of the building maintains this temperature in the desired zone the next day at a relatively constant level. The scenario described above assumes that the building operates with only minimal use of artificial light in the relevant months.

What happens when ventilation is required due to high temperature and CO_2 production? In this case the air in the room is exchanged by natural cross ventilation with fresh air that is too hot, which can lead to a temporary rise in temperature. By the same token a CO_2-caused ventilation in winter can lead to a temporary cooling down of the room. In both cases thermal capacity of the inside air must be considered relative to the thermal capacity of the building. The thermal capacity of the air of an inside room is more than 100 times less than the thermal capacity of the ceiling. That means that even a significant change in temperature in the air in the room will only have a minimal impact on the temperature of the building. After a short period of time the temperature in the room approaches that of the building and the air in the room cools off in the summer and warms up in winter.

Rooms with high ceilings are part of the 2226 concept. In addition to letting more light into the middle of the room through the tall windows made possible by the high ceilings, the room height itself allows for a higher volume and more mixing of air per user, which leads to a significant reduction of the need for ventilation.

What can be done for the user's individual need for fresh air? Can the users open the manually operated vents at will or is that prevented by the control system? Every room has two to four vents, which can be manually opened at any time via the

etc. und daher der gesamte Energieverbrauch ca. 120 MWh/a. Bezogen auf die Bruttogeschossfläche entspricht das einem spezifischen Stromverbrauch (Energieverbrauch) von 38 kWh/m²a. In einer Schweizer Studie[6] aus dem Jahre 2010 wurden mittlere spezifische Stromverbrauchswerte für 120 Bürogebäude untersucht. Der mittlere spezifische Stromverbrauch steigt demnach sehr stark mit dem Anteil der benutzten Klimatechnik. Überwiegend nicht belüftete und nicht klimatisierte Büros verbrauchen 46 kWh/m²a zuzüglich des nicht in dieser Zahl enthaltenden Energieaufwands für Heizung, teilweise belüftete und/oder klimatisierte Büros verbrauchen über 65 kWh/m²a zuzüglich Heizen und Lüften, bei mehrheitlich belüfteten und klimatisierten Büros steigt der Verbrauch bis zu 136 kWh/m²a zuzüglich Heizen, Lüften und Kühlen. Die gemessenen 38 kWh/m²a mittleren spezifischen Stromverbrauchs des Gebäudes 2226 – die gesamte (nicht benötigte) Klimatechnik eingeschlossen – liegen deutlich unter den Werten dieser Studie. Verglichen mit mehrheitlich belüfteten und klimatisierten Bürogebäuden wird hier weniger als ein Drittel Strom (trotz der Nutzung des Stroms als Backup-System für Extremfälle) – und damit Energie – verbraucht!

Der monatliche Stromverbrauch des Gebäudes 2226 für das erste Jahr, basierend auf den Zählerständen des Stromanbieters, ist in Abbildung 4 angeführt. Hier ist zu beachten, dass im Jahresverlauf mehr Büros bezogen wurden und daher der Stromverbrauch im Verlauf des ersten Jahres leicht gestiegen ist. Auffallend ist dennoch, dass der Stromverbrauch in den Monaten von März bis Oktober im Wesentlichen konstant ist. Lediglich in den Wintermonaten, von November bis Februar, zeigt sich ein deutlicher Anstieg, der direkt mit dem erhöhten Bedarf an künstlicher Beleuchtung korreliert. Im Umkehrschluss folgt daher aber auch, dass in den Sommermonaten im Wesentlichen das natürliche Tageslicht ausreicht und der Bedarf an künstlicher Beleuchtung sehr gering ist.

Da die einzelnen Räume völlig unterschiedlich genutzt werden (z. B. Architekturbüro mit mehreren Räumen, Kunstgalerie, Cafeteria) und die beiden obersten Geschosse im ersten Jahr noch weitgehend unbenutzt blieben, variieren die spezifischen Stromverbräuche der einzelnen Raumgruppen stark. Basierend auf den Unterzählern der einzelnen Einheiten ließ sich ein mittlerer spezifischer Stromverbrauch für die verschiedenen Nutzungen ermitteln. Der spezifische

touchscreen. The control system will only intervene so that after a set period of time (typically fifteen minutes) the vents close again in order to prevent an over cooling or heating. Experience shows that the employees appreciate this feature.

Energy demand (Fig. 4)

The energy demand of the building is limited to electricity – whereby electricity and energy are in a certain sense synonymous. The energy consumption is therefore easy to calculate. In the first year (August 2013 to December 2014) the total electricity demand, including outdoor illumination, elevator, kitchen, art gallery, and offices was approximately 120 MWh/a. In reference to the gross floor area that corresponds to a specific electricity

Fig. 4
Total energy consumption

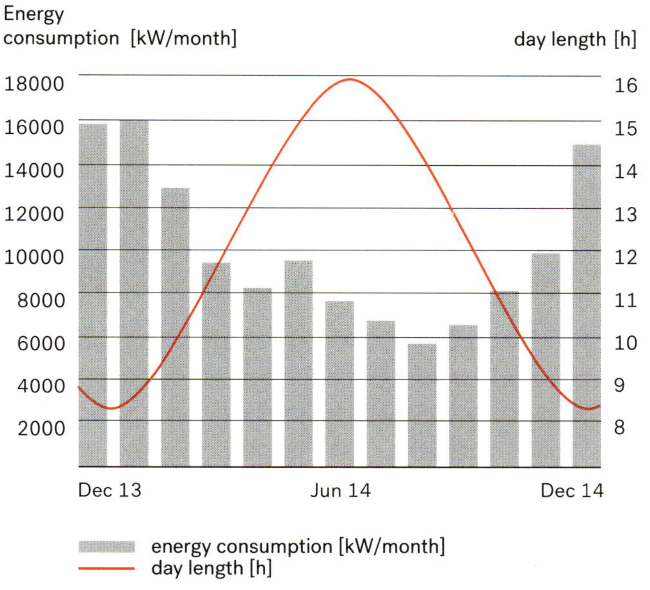

consumption (energy consumption) of 38 kWh/m²a. A Swiss study[6] in 2010 examined average specific electricity consumption values for 120 office buildings. The study shows that the average specific electricity consumption rises steeply with the percentage of use of air-conditioning. Offices which are for the most part not ventilated and not air-conditioned consume 46 kWh/m²a in addition to the energy expended for heating which is not included in that figure. Partially ventilated and/or air-conditioned offices consume more than 65 kWh/m²a in addition to heating and ventilation, and in offices which are primarily ventilated and air-conditioned the consumption rises to 136 kWh/

Verbrauch variiert dabei von der Cafeteria mit 210 kW/m²a, über die Kunstgalerie mit 60 kW/m²a, das Architekturbüro mit 42 kW/m²a bis zum Verbrauch eines ungenutzten Geschosses von 9 kW/m²a.

Der spezifische Energieverbrauch des Architekturbüros entspricht dabei im Wesentlichen dem mittleren spezifischen Energieverbrauch des Gebäudes, die Kunstgalerie verbraucht, bedingt durch die künstliche Beleuchtung, ca. 50 Prozent mehr, die Cafeteria wegen elektrisch betriebener Küchengeräte fünf Mal so viel Energie bezogen auf die Bruttofläche. Der Stromverbrauch eines ungenutzten Geschosses besteht überwiegend aus dem Licht-Backup, welches in diesen Räumen aufgrund der fehlenden Wärmequellen im Winter immer wieder aktiviert wurde. Der spezifische Stromverbrauch der verschiedenen Einheiten unterschied sich im ersten Jahr um mehr als den Faktor 20 und belegt dadurch die Robustheit und Toleranz der Regelung.

Fazit

Die Regelung des Gebäudes 2226 erfolgt ausschließlich über die Ansteuerung der Lüftungsklappen eines jeden Raums, basierend auf einer individuellen Messung der Luftqualität im jeweiligen Raum. Zusätzlich benötigte Hardware beschränkt sich auf die Sensoren in jedem Raum (für CO_2, Raumtemperatur und Luftfeuchtigkeit), dazu die Wetterstation (Außentemperatur) und der zentrale Server. Die Regelung erfolgt über eine Software auf dem Facility-Server, die basierend auf Parametern wie zum Beispiel den CO_2- und Temperaturgrenzwerten und dem gemessenen Ist-Zustand die Lüftungsklappen des entsprechenden Büros öffnet und schließt — und an sehr kalten Tagen das Licht als Backup aktivieren kann.

Wie robust und vielseitig das Gebäude (und der Regelalgorithmus) ist, zeigt die Tatsache, dass sich trotz der sehr individuellen Nutzung und Besetzung der verschiedenen Räume und trotz des stark variierenden spezifischen Energieverbrauchs die Temperaturen und der CO_2-Gehalt im gewünschten Bereich bewegen. Zusätzlich lassen sich die Details des Regelalgorithmus an die individuellen Gewohnheiten der Benutzer anpassen und werden mit der Zeit ständig verfeinert und verbessert. Es stellte sich zum Beispiel heraus, dass es zweckmäßig ist, in den kalten Jahreszeiten lange Lüftungszeiten untertags zu verhindern und die Nachtkühlung im Sommer auf alle Lüftungsklappen zu erweitern. Nachdem diese Verbesserungen und Anpassungen aber lediglich

m²a in addition to heating, ventilation and cooling. The average specific electricity consumption of 38 kWh/m²a measured for 2226, including the entire (unused) air-conditioning, is clearly lower than the values measured in the study. Compared with office buildings which are primarily ventilated and air-conditioned, building 2226 uses less than a third of the electricity, and thereby energy, in spite of using the electricity as a backup heating system for extreme situations!

The monthly electricity consumption for 2226 for the first year, based on the meter reading of the electrical utility is shown in the following illustration. It should be noted here that in the course of the years more offices came on line and therefore the electricity consumption rose slightly. However it is striking that the electricity consumption from March to October is basically constant. Only in the winter months, from November to February, is there a clear increase, which can be directly correlated with the increased need for artificial light. Conversely, in the summer months, natural light is sufficient so that the need for artificial light is very low.

Since the individual rooms are used very differently (an architecture office with several rooms, an art gallery and a cafeteria) and the two upper floors were hardly used in the first year, the specific electricity consumption of the different groups of rooms varied greatly. Using the sub-meters for the separate units an average specific electricity consumption figure can be calculated. The specific consumption varies from 210 kW/m²a for the cafeteria, to the art gallery with 60 kW/m²a, to the architecture offices at 42 kW/m²a. A non-occupied floor consumed 9 kW/m²a.

The specific energy consumption of the architecture office corresponds for the most part to the average energy consumption of the building, while the art gallery consumes approximately 50 percent more due to the artificial lighting requirements. Because of the electric appliances and machinery, the cafeteria consumes five times more energy relative to the gross floor area. The electricity consumption of an unused floor is mainly due to the use of the backup lighting, which was repeatedly activated in winter because of the lack of other heat sources. The specific electricity consumption of the different units in the first year differed by more than a factor of 20, which is a testimony to the robustness and tolerance of the control system.

The comparison of different room uses based on August 2014

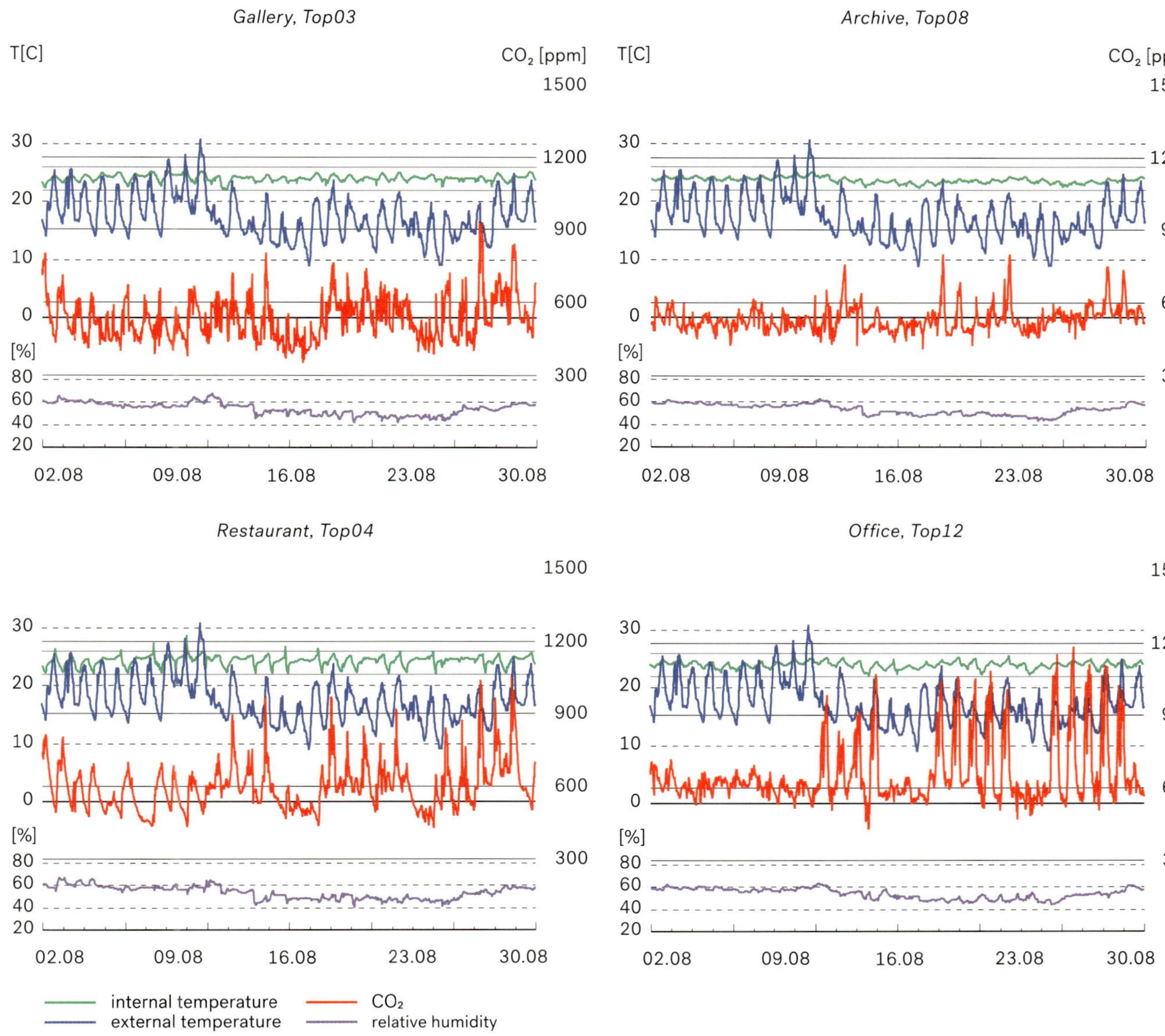

Änderungen an der Software sind, können sie einfach und schnell erfolgen. So bestätigt sich einmal mehr die große Flexibilität und Anpassungsfähigkeit der Regelung des Konzeptes von 2226.

Fußnoten

1 Der KNX oder Konnex-Bus ist ein Feldbus zur Gebäudeautomation, der als Nachfolger des europäischen Installationsbus EIB, des BatiBUS und des European Home System EHS entwickelt wurde.
2 Zur bauphysikalischen Begrifflichkeit siehe u. a. Hans Dieter Baehr, Wärme- und Stoffübertragung, Wiesbaden 2009.
3 Gerhard Adam und Otto Hittmair, Wärmetheorie, Wiesbaden 1992.
4 Siehe Wolfram Pistohl, Handbuch der Gebäudetechnik, Köln 2009.
5 Wolfgang Polifke und Jan Kopitz, Wärmeübertragung, Grundlagen, analytische und numerische Methoden, München 2009.
6 Energieverbrauch von Bürogebäuden und Grossverteilern,

Conclusion

The climate control of 2226 is accomplished exclusively by the activation of the vents in each room based on the individual measurement of the air quality in each room. The additional hardware that is needed is limited to the sensors in each room (for CO_2, room temperature and humidity), the weather station (outside temperature) and the central server. The control is achieved with software on the facility server, which opens and closes the vents in the relevant offices based on parameters like the CO_2 and temperature threshold values and the current measured state. On very cold days the lighting can be activated as a backup.

The building (and the control algorithm) demonstrate their robustness and flexibility by maintaining

Erhebung des Strom- und Wärmeverbrauchs, der Verbrauchsanteile, der Entwicklung in den letzen 10 Jahren und Identifizierung der Optimierungspotentiale, hrsg. vom Bundesamt für Energie BFE, Bern, Januar 2010; siehe auch: http://www.bfe.admin.ch/php/includes/container/enet/flex_enet_anzeige.php?lang=de&publication=10265&height=400&width=600 (Stand: 25.08.2015).

the temperatures and the CO_2 concentration at the desired range, despite a wide range of uses and room occupation and in spite of great differences in the specific energy demand. In addition, the details of the control algorithm can be adjusted to the individual habits of the users in order to refine and improve them over time. For instance it was determined that it makes sense in winter to avoid long periods of ventilation during the day and to extend the nightly cooling to all of the vents. Since these adjustments and improvements involve changes in the software, they are fast and easy to implement. Which is one more confirmation of the great flexibility of the 2226 control system concept.

Endnotes

1 *KNX or Konnex-Bus, a fieldbus for building automation. It was developed as a successor to the European Installation Bus or EIB, the BatiBUS and the European Home System EHS.*
2 *For building physics terminology see: Hans Dieter Baehr, Heat and Mass Transfer, Springer, Berlin Heidelberg, 2011.*
3 *Gerhard Adam, Otto Hittmair, Wärmetheorie, Springer, Wiesbaden, 1992.*
4 *See: Wolfram Pistohl, Handbuch der Gebäudetechnik, Werner, Cologne, 2009.*
5 *Wolfgang Polifke, Jan Kopitz, Wärmeübertragung: Grundlagen, analytische und numerische Methoden, Addiso-Wesley, Munich, 2009.*
6 *Energy consumption in office buildings and major distributors, published by the Federal Department of Environment, Transport, Energy and Communication (UVEK) and the Federal Office of Energy (BFE), January 2010.*

Eduard Hueber

Die Architektur in Bildern
The Architecture in Images

Pläne und technische Daten
Drawings and Technical Data

ORIGINALS
BY JACK &
JONES CO.

«Ich glaube, das Gebäude ist von der Pike auf so wie wir Vorarlberger. Wir versuchen immer, etwas ganz Einfaches zu machen, was dann aber in Wahrheit nicht ganz so einfach ist, und schließlich doch extrem einfach, jedoch nie gekünstelt wirkt. Wie bei einer guten Süßspeise kann man auch bei diesem Haus nichts mehr wegnehmen.»

"I think the building is quintessentially the same as the locals here in Vorarlberg. We always try to create something simple, which, in truth, turns out to be not so simple at all, although it always looks extremely natural and never contrived. Just like with a good dessert, there isn't anything superfluous about this house."

Jürgen Stoppel
Architekt und Projektleiter
Architect and project coordinator

Lageplan
Siteplan

Grundrisse möbliert
Floor plans furnished

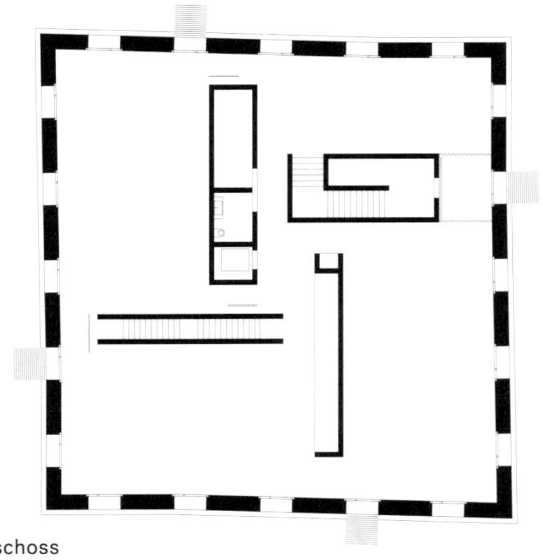

Erdgeschoss
Ground floor

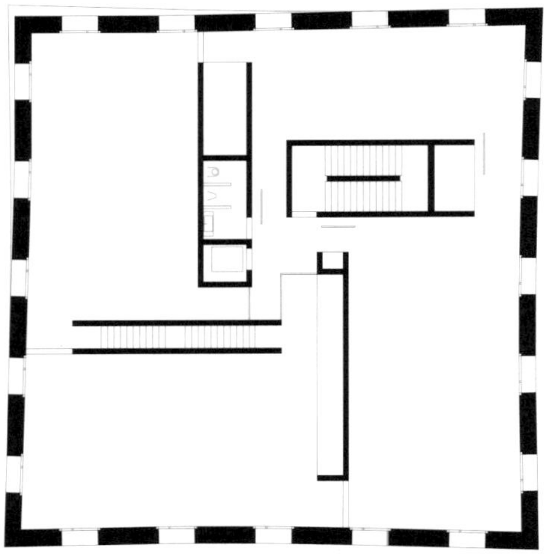

3. Obergeschoss
3rd floor

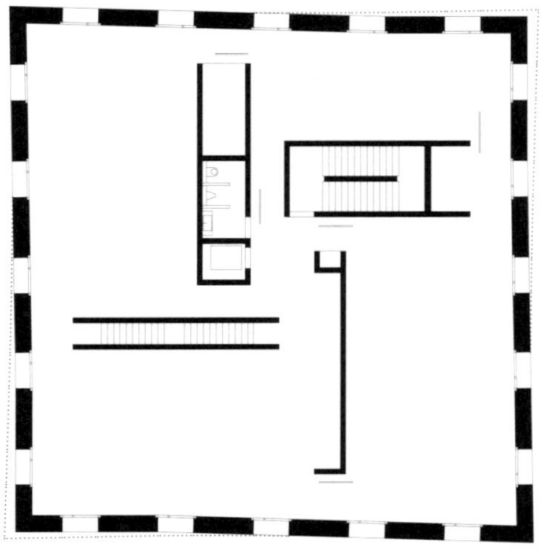

1. Obergeschoss
1st floor

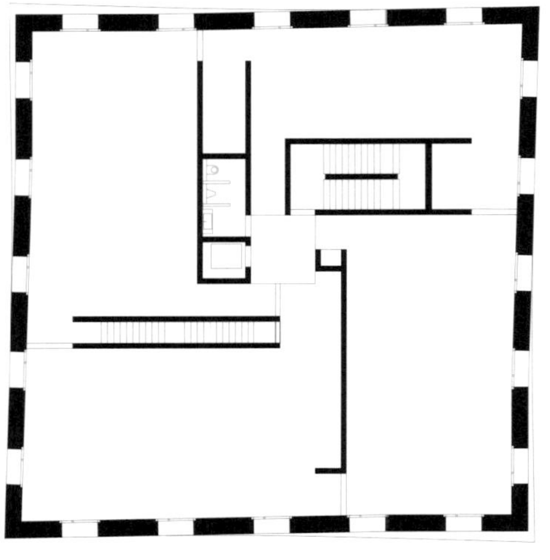

4. Obergeschoss
4th floor

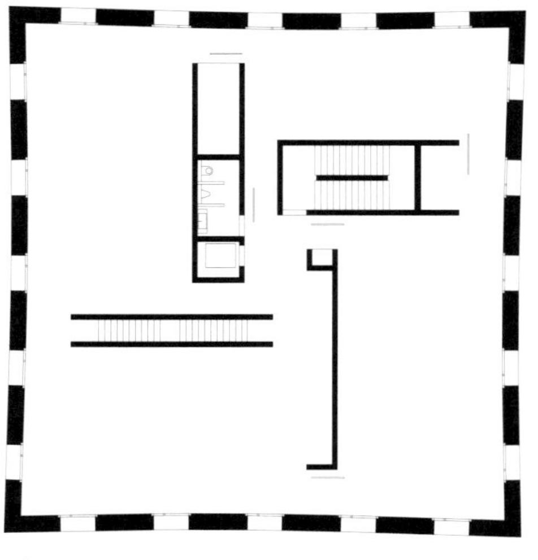

2. Obergeschoss
2nd floor

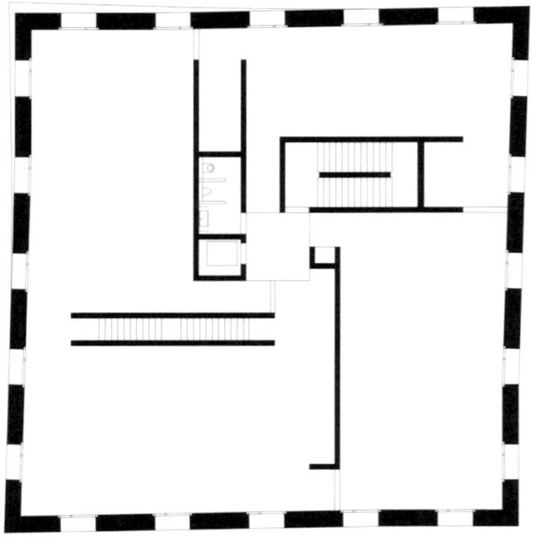

5. Obergeschoss
5th floor

Fassaden
Façades

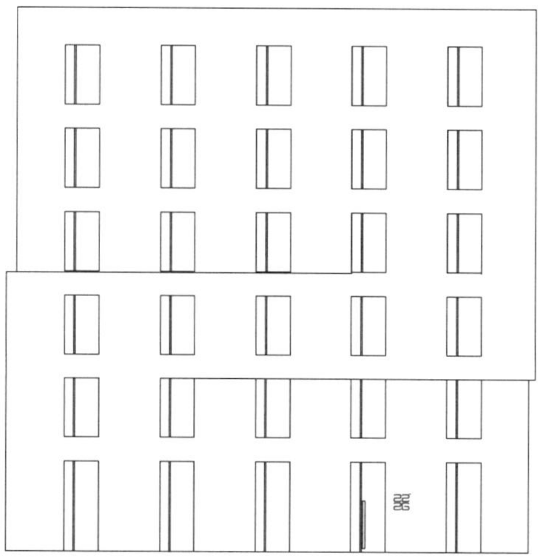

Ansicht West
West elevation

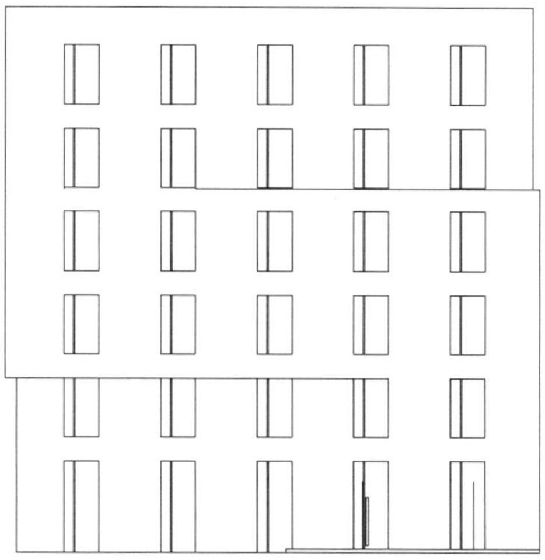

Ansicht Süd
South elevation

Fassade, Schnitt
Façade, Section

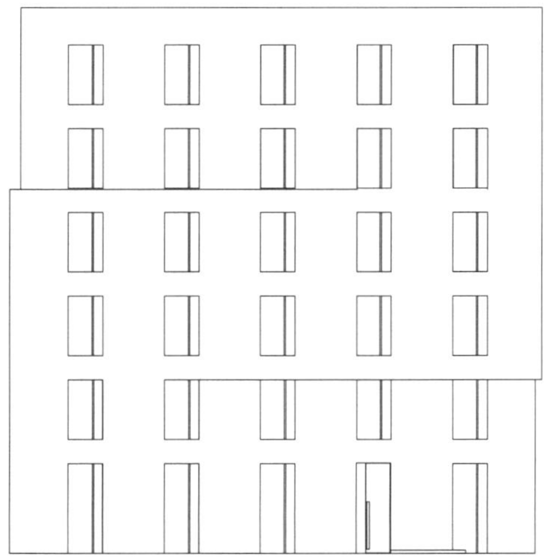

Ansicht Ost
East elevation

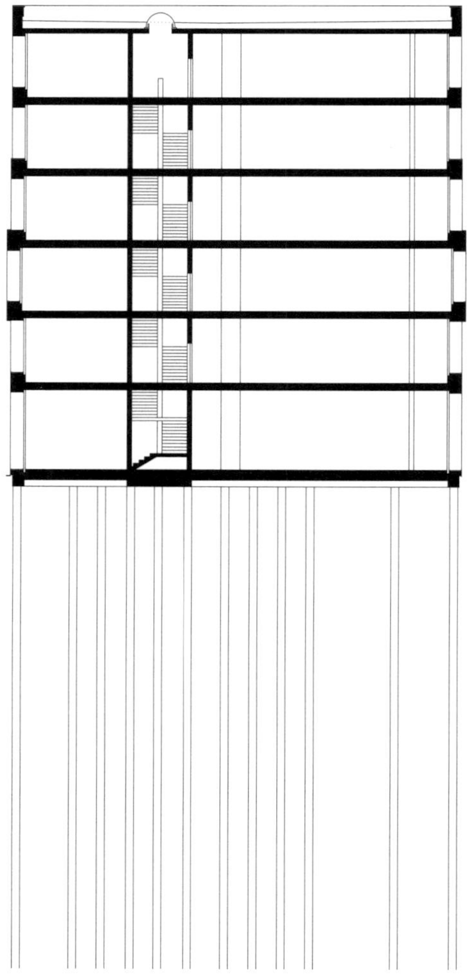

Fassade, Schnitt
Façade, Section

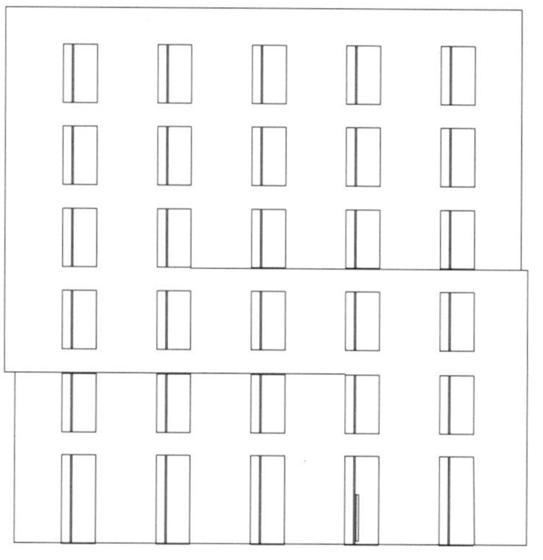

Ansicht Nord
North elevation

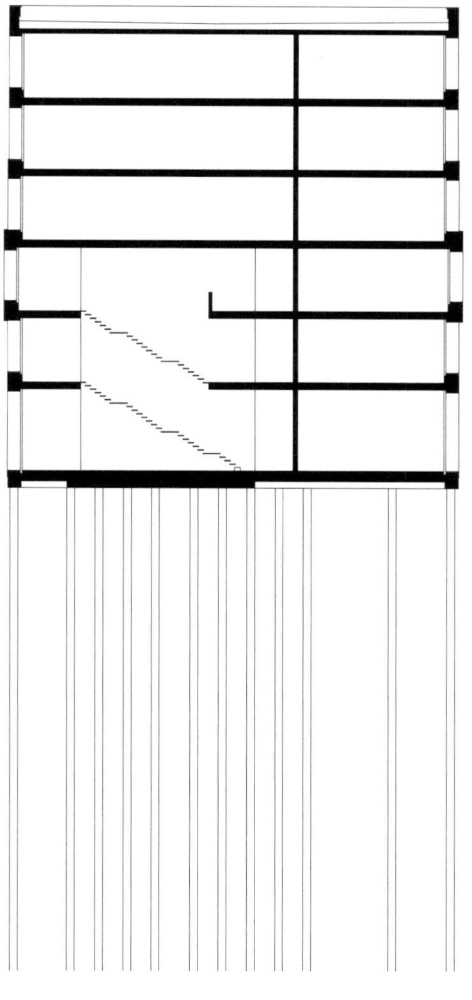

Grundriss Erdgeschoss
Floor plan, ground floor

1:200

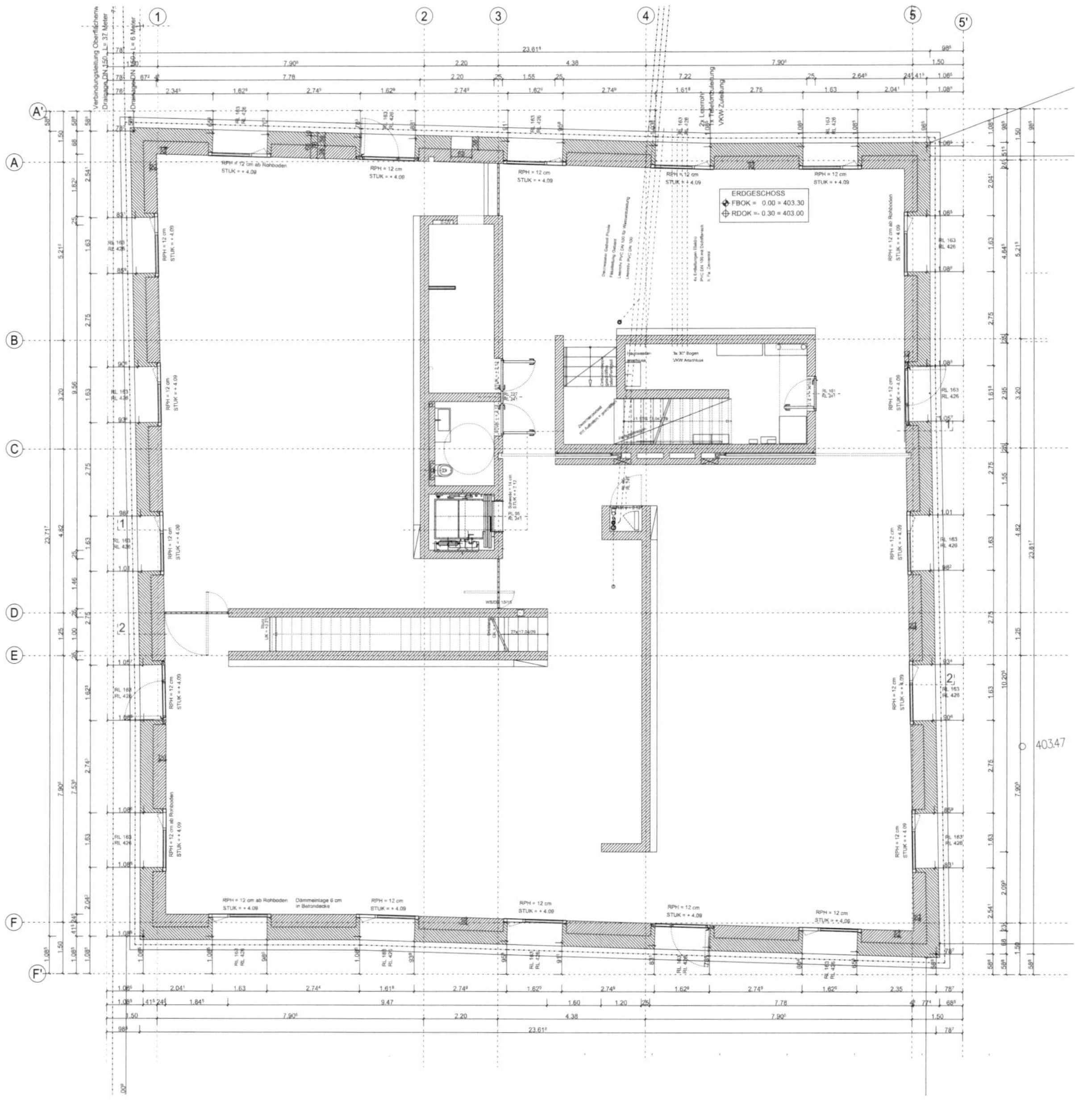

1:200

Grundriss 1. Obergeschoss
Floor plan, 1st floor

1:200

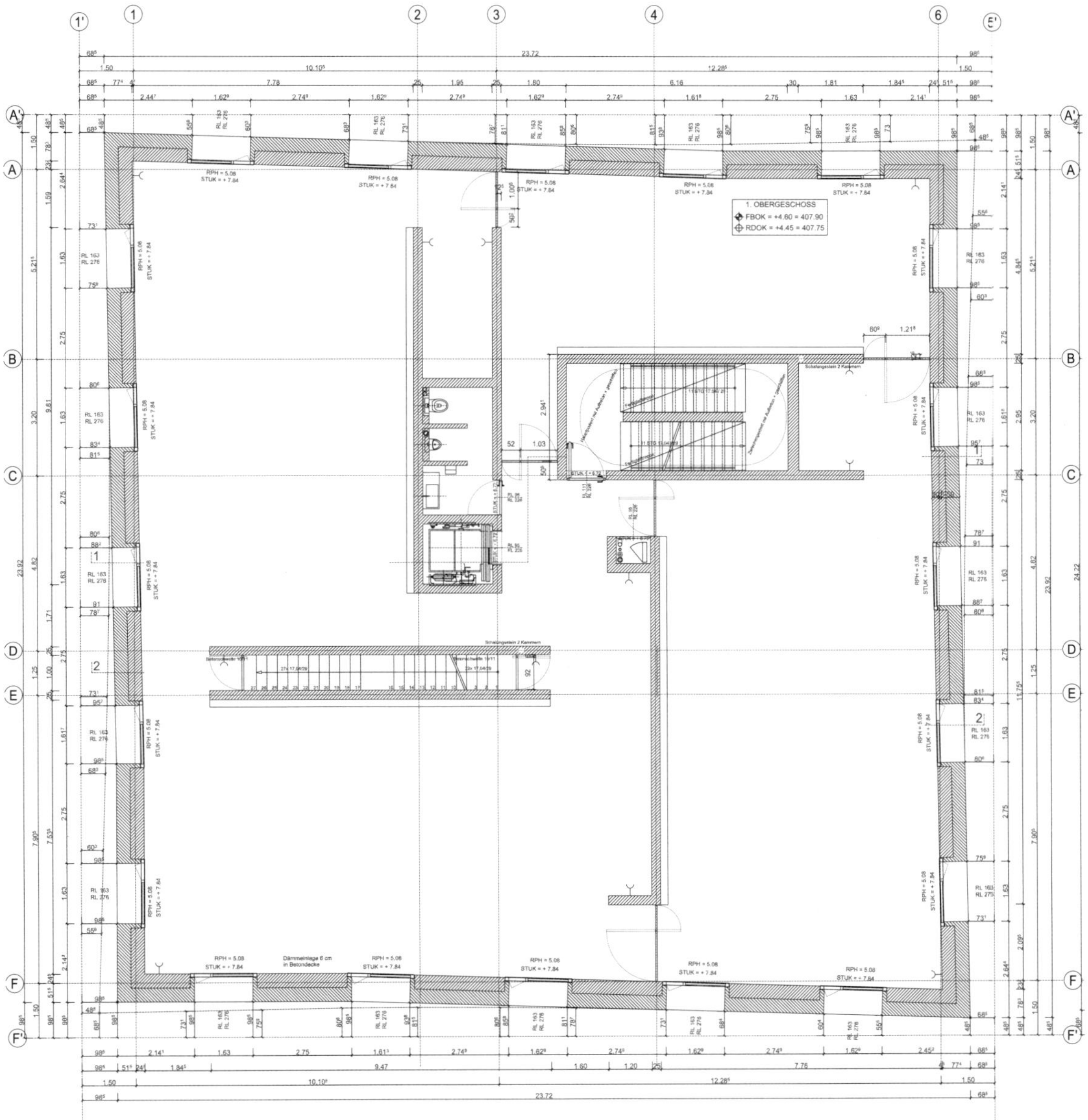

Detail Wand, *Wall detail*

Maßstab, *Scale* 1:20

1 Attika Sandstein / Sandstone parapet
2 Rundkorn Kies / *Round grain gravel*
3 Verbandsmauerwerk / *Brickwork*
4 Kalkputz / *Lime plaster*
5 Weicheinlage / *Soft inlay*
6 Isolierender Ziegel / *Insulating brick*
7 Statischer Ziegel / *Structural brick*
8 Ziegelsturz / *Brick lintel*
9 Ortbeton / *In-situ concrete*
10 Vorgespanntes Betondeckenelement
Pre-stressed concrete ceiling panel
11 Versetzte Lagerfuge / *Staggered horizontal joint*
12 Stahlblech / *Sheet steel*
13 Fassadengraben / *Façade trench*
14 Pfahlgründung / *Pile foundation*

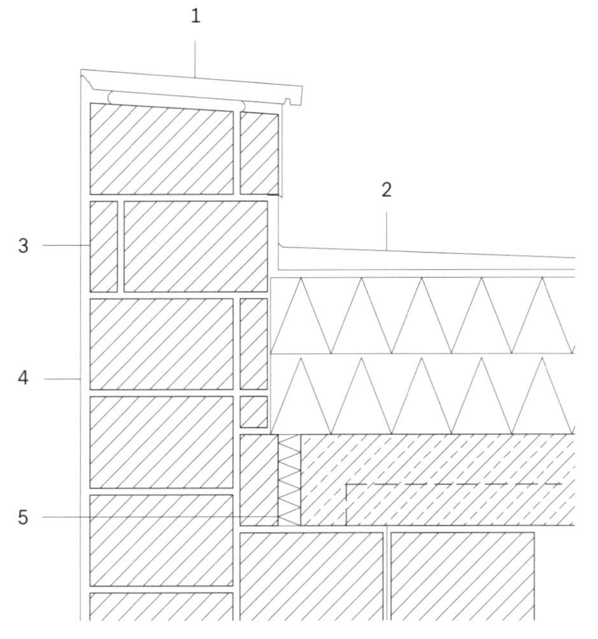

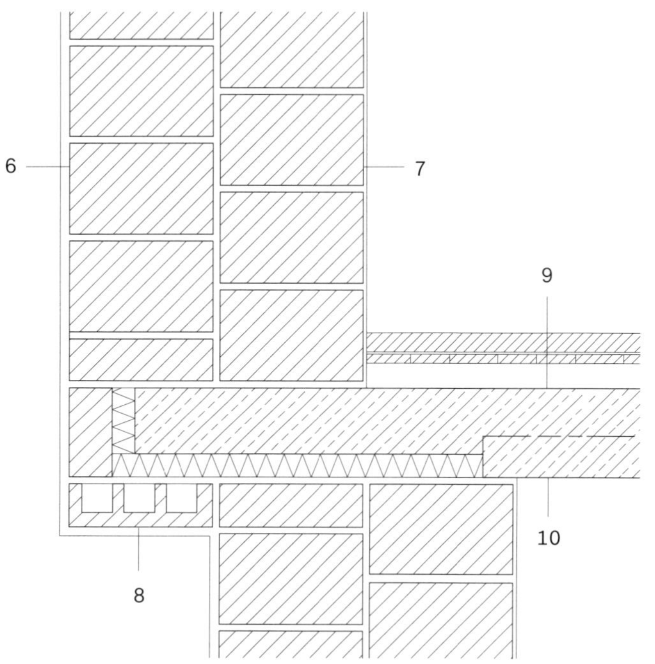

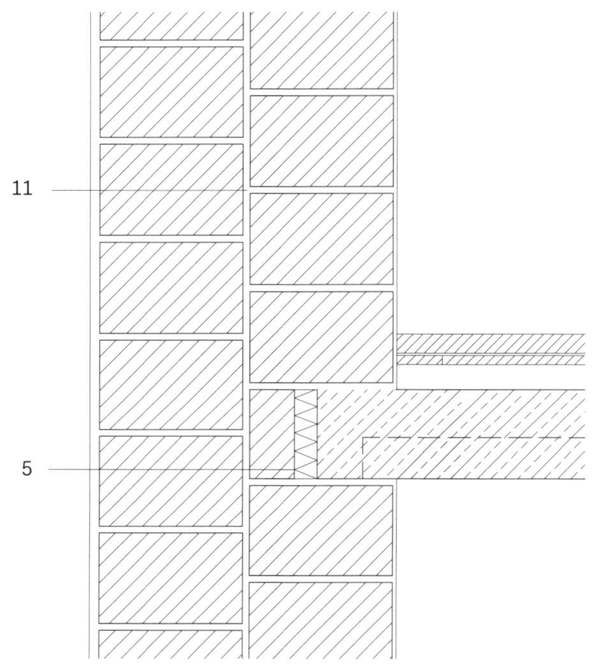

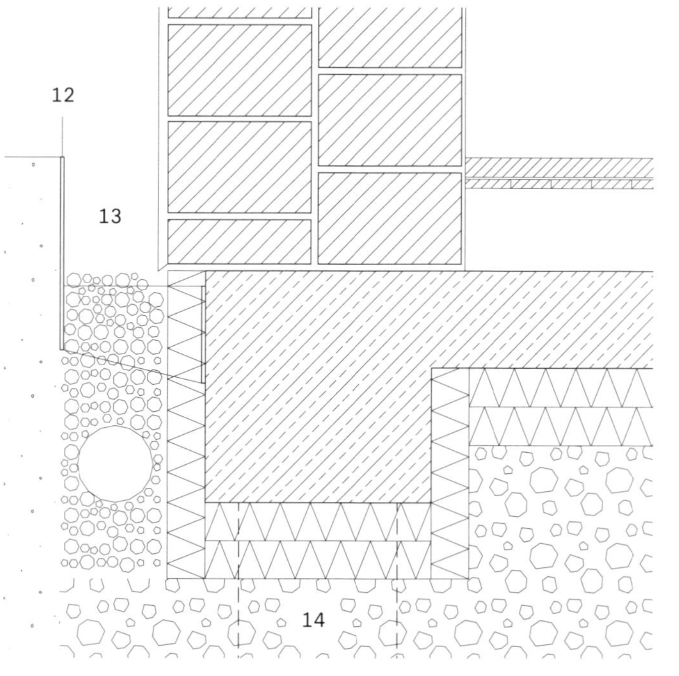

Detail Fenster, *Window detail*

Maßstab, *Scale* 1:20

1 Attika Sandstein / *Sandstone parapet*
2 Rundkorn Kies / *Round grain gravel*
3 Verbandsmauerwerk / *Brickwork*
4 Kalkputz / *Lime plaster*
5 Weicheinlage / *Soft inlay*
6 Ziegelsturz / *Brick joint*
7 Ortbeton / *In-situ concrete*
8 Vorgespanntes Betondeckenelement
Pre-stressed concrete ceiling panel
9 Fensterbank Sandstein / *Window sill, sandstone*
10 Gesims Rücksprung Sandstein / *Recessed ledge, sandstone*
11 Versetzte Lagerfuge / *Staggered horizontal joint*
12 Statischer Ziegel / *Structural brick*
13 Isolierender Ziegel / *Insulating brick*
14 Fassadengraben / *Façade trench*
15 Stahlblech / *Sheet steel*
16 Pfahlgründung / *Pile foundation*

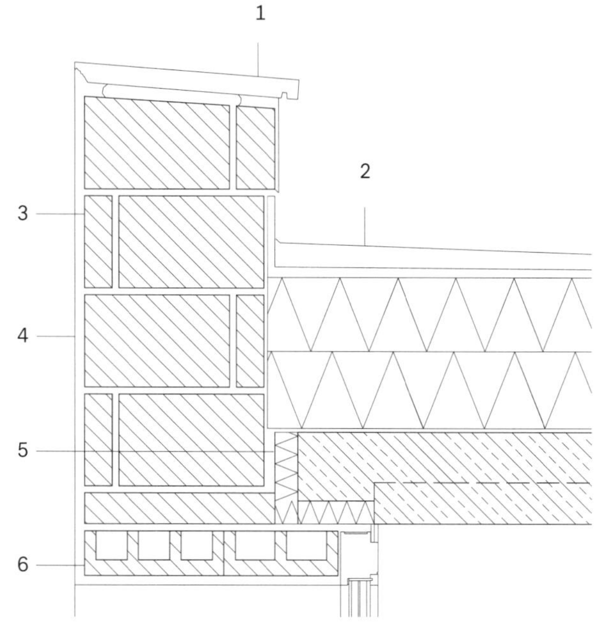

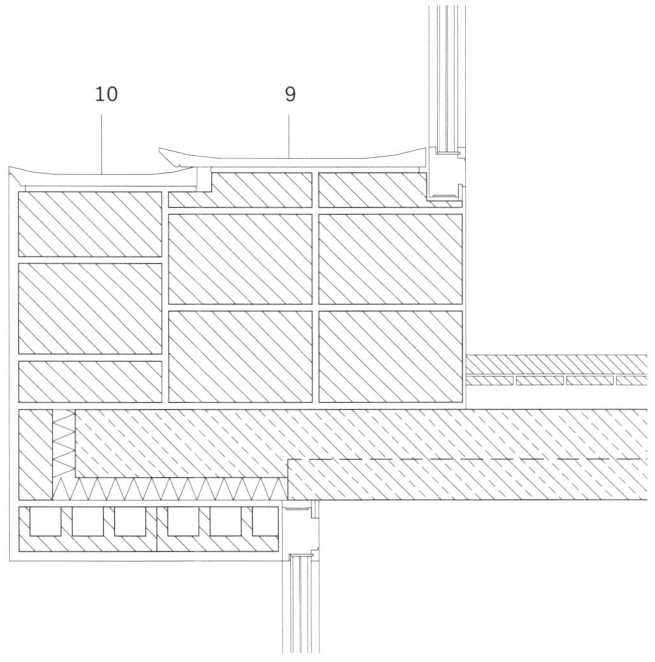

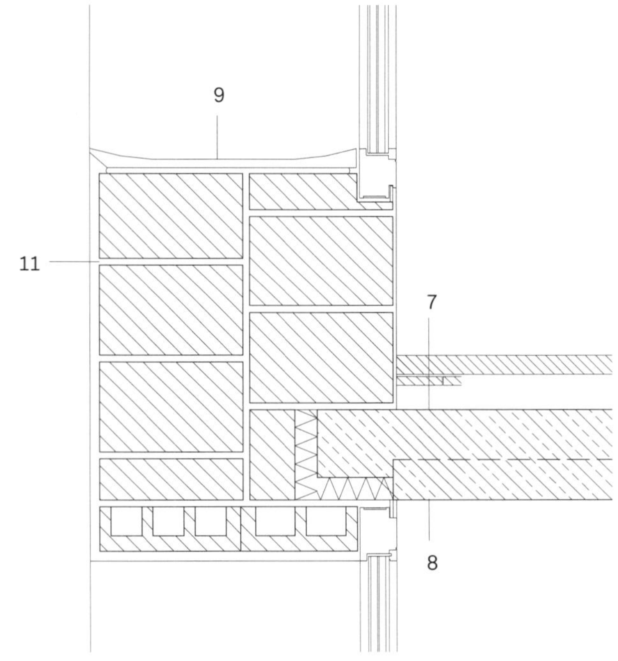

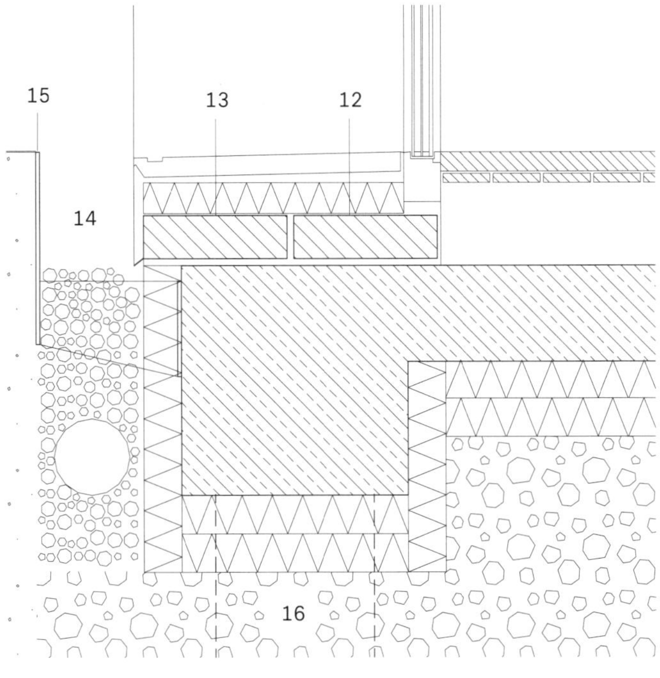

Detail einzelnes Fenster, *Individual window, detail*
Maßstab, *Scale* 1:20

1 Ziegelsturz / *Brick lintel*
2 Fensterrahmen Weißtanne / *Silver fir window frame*
3 3-fach isolierte Fixverglasung / *Fixed triple glazing*
4 Lüftungsflügel / *Ventilation flap*
5 Statischer Ziegel / *Structural brick*
6 Isolierender Ziegel / *Insulating brick*
7 Fensterbank Sandstein / *Window sill, sandstone*

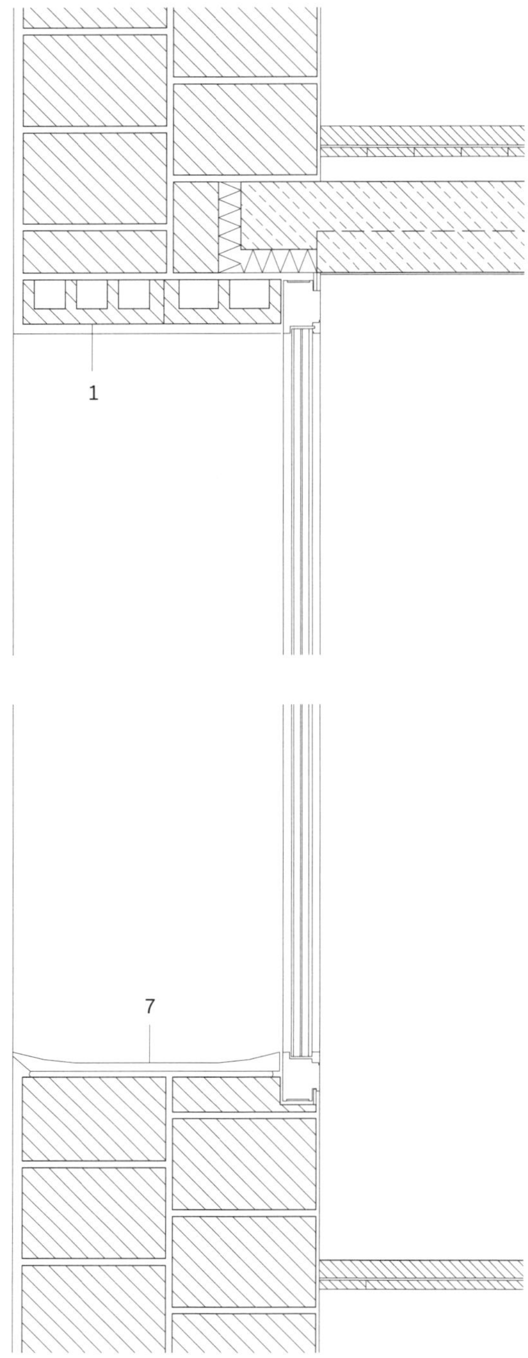

Ansicht, *Elevation*

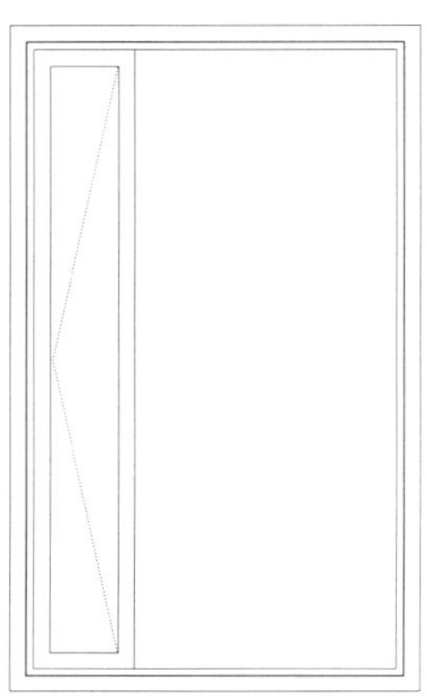

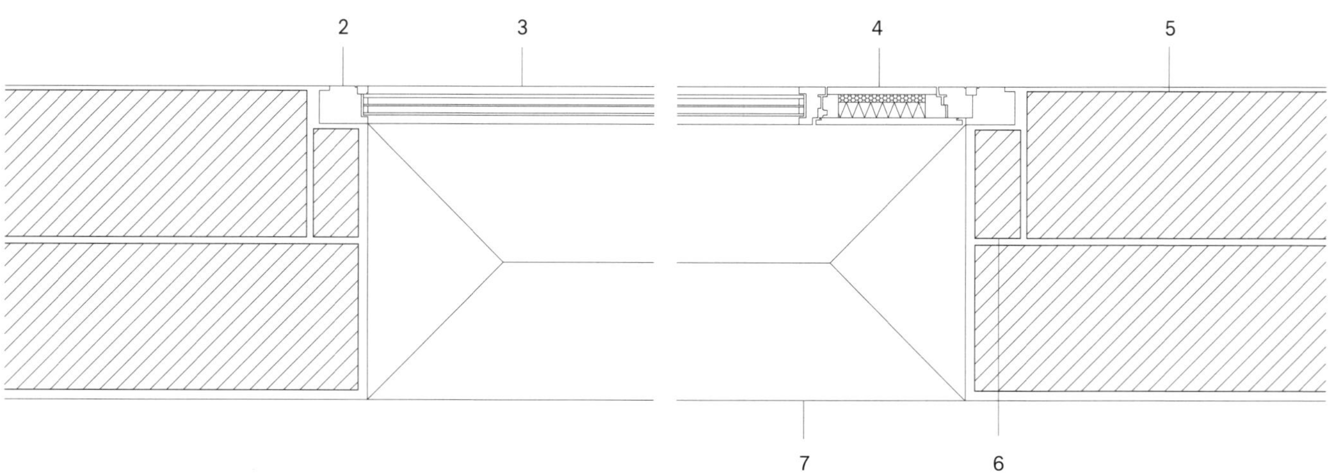

Detail Eingangstüre, *Entrance door, detail*

Maßstab, *Scale* 1:20

1 Ziegelsturz / *Brick joint*
2 Türe Fixelement Weißtanne / *Door, silver fir fixed element*
3 Türe Gehflügel Weißtanne / *Door, operable wing in silver fir*
4 Isolierender Ziegel / *Insulating brick*
5 Statischer Ziegel / *Structural brick*
6 Fassadengraben / *Façade trench*
7 Stahlblech / *Sheet steel*
8 Stahlrost / *Steel grid*
9 Pfahlgründung / *Pile foundation*

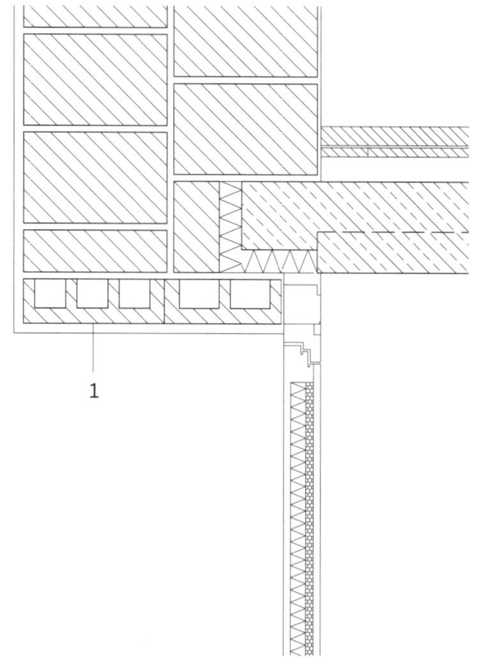

Ansicht, *Elevation*

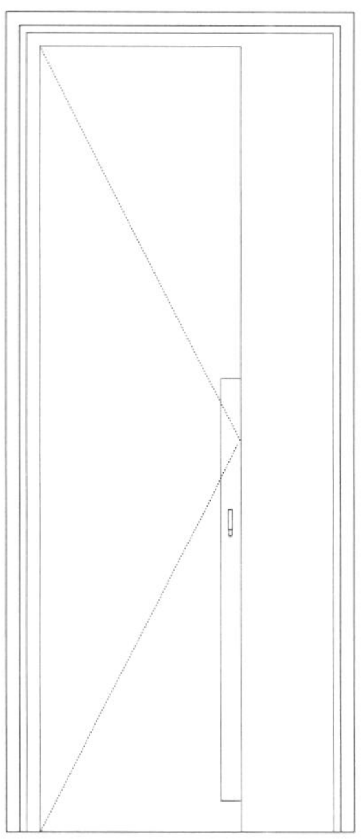

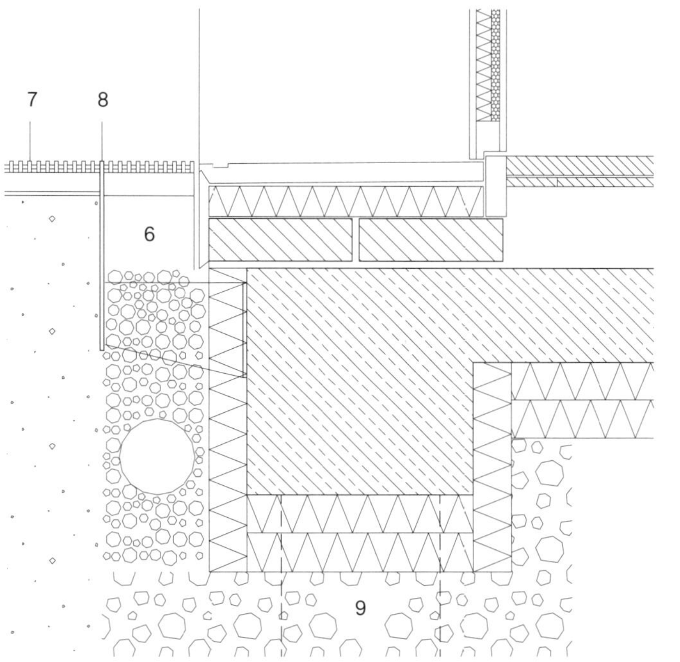

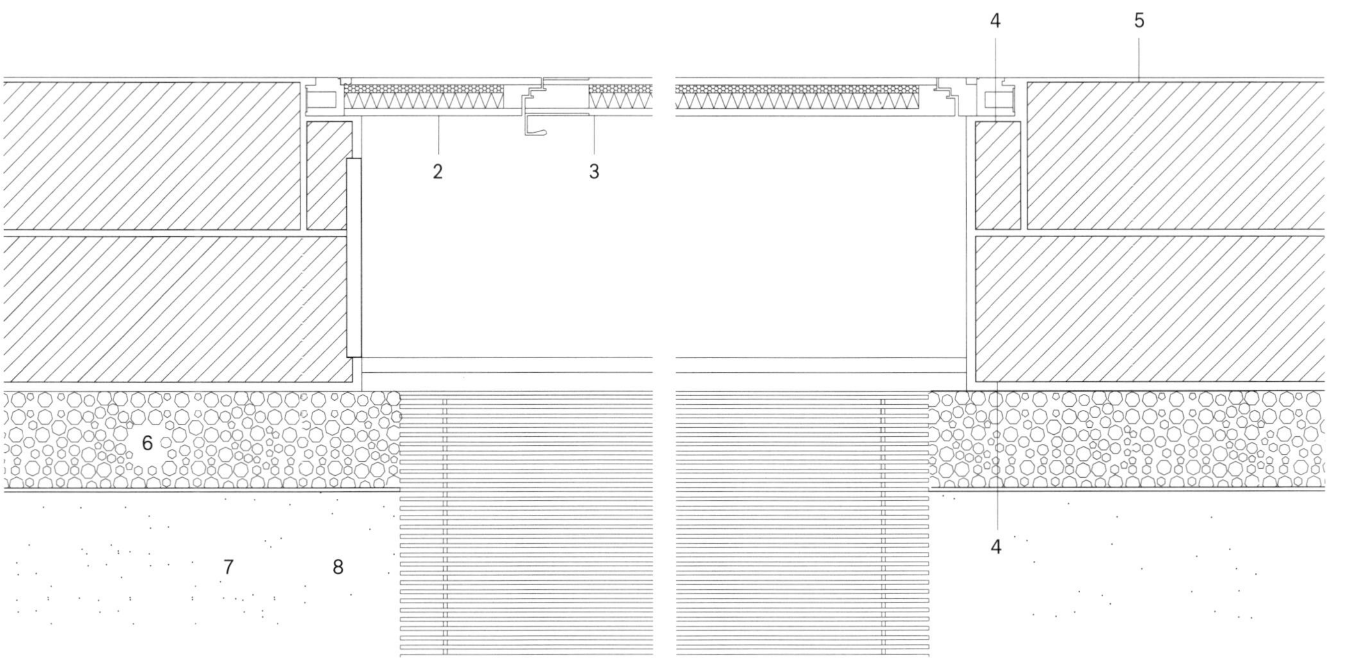

Detail Glastüre, *Glass door, detail*
Maßstab, *Scale* 1:20

1 Zapfenband / *Pivot*
2 Schwingflügeltüre doppelschaliges, satiniertes Glas
Hinged door, double-layered satined glass
3 Drehachse / *Rotating axis*
4 Schlosskasten / *Lock body*
5 Bodentürschließer / *Floor spring*
6 Aluminiumrahmen / *Aluminum frame*
7 Edelstahlplatte / *Stainless steel plate*
8 Calziumsulfat-Estrich / *Calcium sulfate screed*
9 Akustikmatte / *Acoustic layer*
10 Vollholzschalung / *Solid wood facing*
11 Polsterhölzer / *Joists*

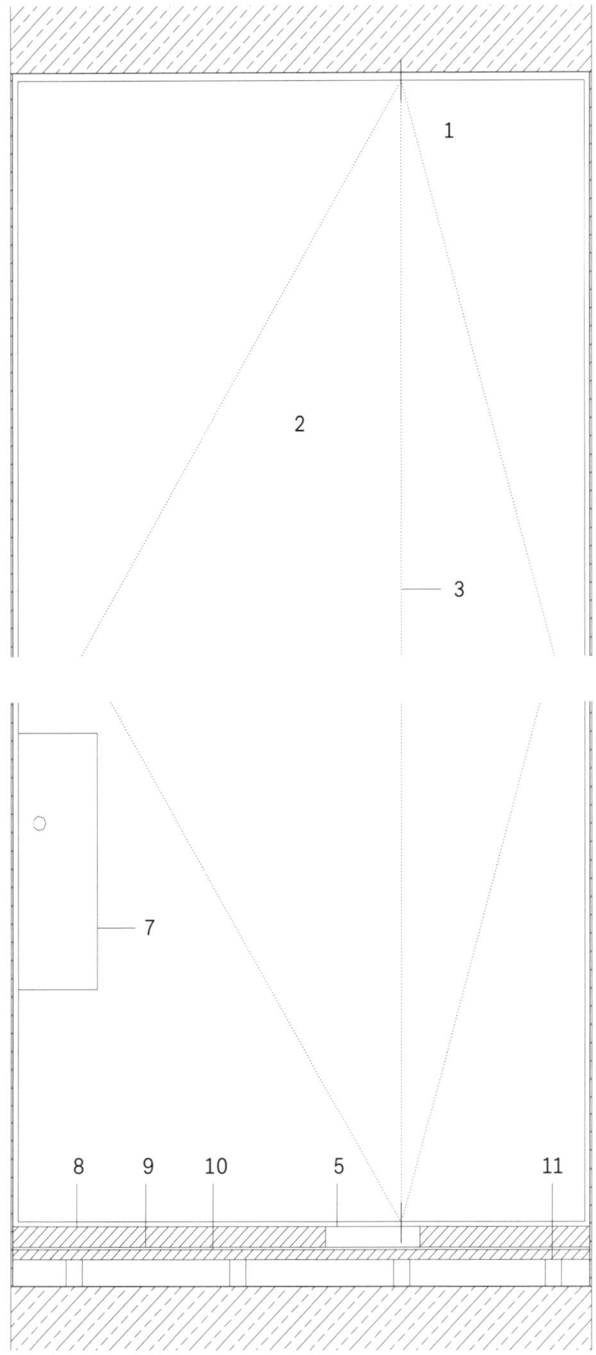

Ansicht, *Elevation*

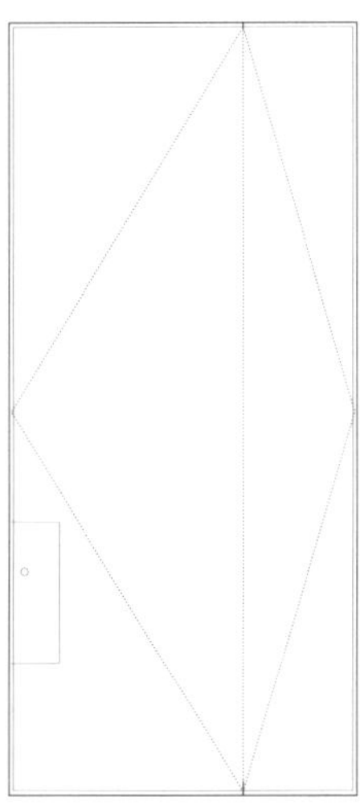

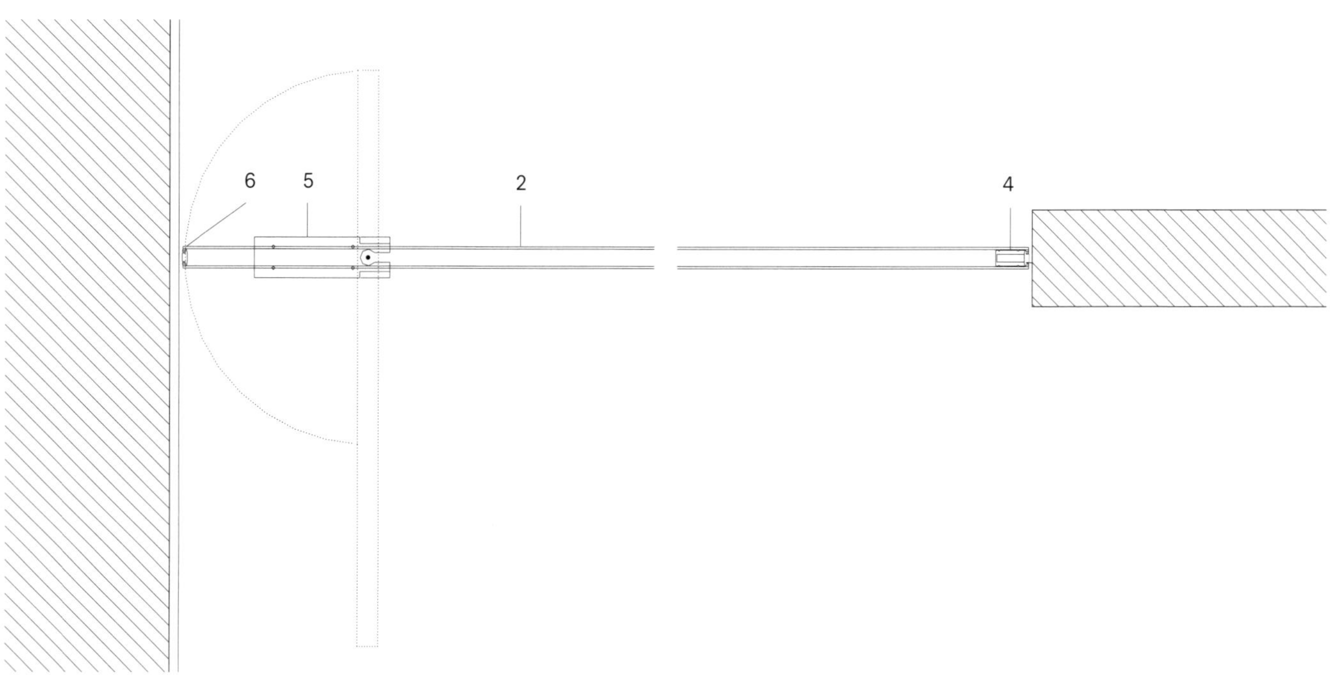

Projektangaben
Project data

BAUWERK/*PROJECT*	
Name/*name*	2226
Straße/*street*	Millennium Park 20
Ort/*town*	6890 Lustenau
Bezirk/*district*	Dornbirn
Region/*region*	Vorarlberg
Land/*country*	Österreich/*Austria*
Planungsbeginn/*start of design*	01/2006
Planungsende/*end of design*	24 Monate/*months*
Baubeginn/*start of construction*	02/2012
Baufertigstellung/*completion*	04/2013
Grundstücksfläche/*site area*	4.037 m²
Bruttogeschossfläche/*gross floor area*	3.201 m²
Nutzfläche/*usable floor area*	2.700 m²
Bebaute Fläche/*plot area of building*	532 m²
Umbauter Raum/*enclosed space*	13.158 m³

ARCHITEKT/*ARCHITECT*	Prof. D. I. Dietmar Eberle
Büroname/*office name*	BE Baumschlager Eberle Lustenau GmbH
Projektleiter/*project architect*	ZT DI Jürgen Stoppel
Mitarbeiter/*associate*	DI Hugo Herrera Pianno
Straße/*street*	Millennium Park 20
Postleitzahl, Ort/*postal code, town*	6890 Lustenau
Telefon/*tel.*	+ 43 5577 630 51 11
Fax/*fax*	+ 43 5577 630 51 30
E-Mail/*email*	office@be-lustenau.com
Webauftritt/*website*	www.be-lustenau.com

Bauherr/*client*	AD Vermietung OG, Lustenau, AT
Statiker/*structural engineer*	Mader & Flatz Ziviltechniker GmbH, Bregenz, AT
Landschaftsarchitekt/*landscape architect*	BE Baumschlager Eberle Lustenau GmbH, Lustenau, AT
Brandschutz/*fire safety*	IBS-Institut für Brandschutztechnik und Sicherheitsforschung GmbH, Linz, AT
Energieoptimierung/*energy optimization*	Lars Junghans (PhD), Michigan, USA
Lichtplanung/*lighting design*	Zumtobel, Herbert Resch, Dornbirn, AT, Ingo Maurer, München, D
Elektroplanung/*electrical planning*	Elmar Graf GmbH, Dornbirn, AT
BUS Steuerung/*BUS operating system*	Dr. Peter Stefan Widerin, Hörbranz, AT
Baumeister/*master builder*	Rhomberg Bau GmbH, Bregenz, AT
Dachdecker/*roofing contractors*	Tectum GmbH, Hohenems, AT
Fenster, Türen/*windows, doors*	Sigg Tischlerei GmbH, Hörbranz, AT
Fensterbänke/*window sills*	Bärlocher Steinbruch und Steinhauerei AG, Staad, CH
Putzfassade/*plaster façade*	Gerold Ulrich, Sattein, AT
Sanitärinstallateur/*sanitary installation*	Walter Fink, Schwarzach, AT
Elektroinstallateur/*electrical installation*	Elmar Graf GmbH, Dornbirn, AT
Lichtdecken/*lighting ceiling system*	Markus Streitler, Alberschwende, AT
Innenputz/*interior plaster*	Roland Kratzer, Röthis, AT
Bodenkonstruktion/*floor construction*	Fetz Holzbau GmbH, Egg, AT
Bodenbeläge/*floor coverings*	Ebner Estriche GmbH, Lustenau, AT
Lift/*elevator*	Kone AG, Wien, AT
Schlosser/*locksmith*	Schlosserei Johannes Klocker, Dornbirn, AT
Glaser, Fensterglas, Glastüren/*glaziers, window glass, glass doors*	Glas Marte GmbH, Bregenz, AT
Einbaumöbel/*built-in furniture*	Sigg Tischlerei GmbH, Hörbranz, AT
Objektmöbel/*customized furniture*	Holzwerkstatt Markus Faißt, Hittisau, AT
Gärtner/*gardener*	Ing. Anton Moosbrugger, Hörbranz, AT
Geologe/*geologist*	3P Geotechnik ZT GmbH, Bregenz, AT
Kanalisationskonzept/*sewage and drainage*	Rudhardt + Gasser ZT, Bregenz, AT

Kunst und Architektur
Art and Architecture

Wolfgang Häusler

Wolfgang Häusler absolvierte eine Ausbildung zum Bankkaufmann. 1988 Gründung einer eigenen Firma für Kulturmanagement in Bregenz, ab 1992 Bürositz in München. Berater von Museen, privaten Sammlern, Institutionen und Unternehmen. Betreuung von Großprojekten im Bereich Kunst/Architektur. Lehraufträge u.a. an der Hochschule für künstlerische Gestaltung in Linz und am Mozarteum Salzburg. Ab 1998 im Rahmen von «Häusler Contemporary München» verstärkt Galeriearbeit, dabei Zusammenarbeit mit Künstlern wie James Turrell, Keith Sonnier, Hamish Fulton, Judy Ledgerwood, Jürgen Partenheimer, Hubert Kiecol, David Reed, u.a. 2007 Eröffnung einer zweiten Galerie in Zürich, 2013 folgt der Ausstellungsraum im Haus 2226.

Wolfgang Häusler was trained as a qualified bank clerk. In 1988, he founded his own company for cultural management in Bregenz, establishing an office in Munich in 1992. Consultat of museums, private collectors, institutions and corporations. Lectureships among others at the University of Arts and Industrial Design in Linz and at the Mozaretum Salzburg. From 1998 on focus on gallery work with Häusler Contemporary Munich, in that context collaboration with artists such as James Turrell, Keith Sonnier, Hamish Fulton, Judy Ledgerwood, Jürgen Partenheimer, Hubert Kiecol, David Reed. In 2007 opening of a second gallery space in Zurich, followed in 2013 by the exhibition space at House 2226.

www.haeusler-contemporary.com

Vor 25 Jahren unterrichteten Dietmar Eberle und ich an einer Meisterklasse der Hochschule für künstlerische Gestaltung Linz. Wir haben viel über Ausstellungsräume, Galerieplanung, die Karriere von Künstlern und deren Präsentation diskutiert. In diesen Gesprächen haben wir vereinbart, dass Dietmar Eberle, sollte er ein eigenes Bürohaus bauen, auch einen Raum für Kunst integrieren würde, der von mir betreut werden sollte. Diese Zusage hat er als mein Freund vor vier Jahren eingefordert, und es ist diesem Umstand zu verdanken, dass Häusler Contemporary seit 2013 in den Ausstellungsräumen von Haus 2226 jährlich drei Präsentationen von Künstlern der Galerie zeigt.

Die besondere Architektur und Materialität des Gebäudes verleihen den Räumen Transparenz und eine positive, geradezu sinnliche Atmosphäre, ein ideales Umfeld für inspirierende Inszenierungen von Kunst. Wir nutzen diese Plattform, um große Formate und Werkgruppen ausgewählter Künstler zu zeigen. Nach den Präsentationen von James Turrell und David Reed folgten Hubert Kiecol, Keith Sonnier und Judy Ledgerwood. Die Künstler schätzen die individuellen Möglichkeiten der Gestaltung in den Räumen, die großzügige Inszenierungen zulassen. In diesem Sinne wollen wir auch mit der derzeitigen Ausstellung von Jürgen Partenheimer einen weiteren Impuls für intensive Auseinandersetzungen zwischen Kunst und Betrachter liefern.

Twenty-five years ago, Dietmar Eberle and I were teaching a master class at the University of Arts and Industrial Design in Linz, Austria. We talked extensively about exhibition spaces, gallery design, the career of artists and their presentation. In these conversations we agreed that Dietmar Eberle would include a space for art, which I would then run, should he ever build his own office building. As my good friend, he delivered on this promise four years ago and it is thanks to this circumstance that Häusler Contemporary has been mounting three exhibitions a year of gallery artists in the exhibition spaces of House 2226 since 2013.

The unique architecture and materiality of the building give the spaces a transparency and a positive, even sensual, atmosphere — an ideal setting for inspiring staging of art. We use this platform to show large format works and installations by selected artists. The exhibitions by James Turrell and David Reed were followed by Hubert Kiecol, Keith Sonnier and Judy Ledgerwood. The artists appreciate the options for individual spatial set ups within the rooms, which make it possible to create generous exhibition installations. In this sense we want to use the current exhibition by Jürgen Partenheimer to provide an impetus for an intensive exploration of the interaction between art and observer.

James Turrell, *Tall Glass*
October 2013 — September 2014

James Turrell, 1943 geboren in Los Angeles, Kalifornien, Vereinigten Staaten, lebt und arbeitet in Flagstaff, Arizona.

James Turrell, born 1943 in Los Angeles, California, United States, lives and works in Flagstaff, Arizona.

David Reed, *Paintings 1997 — 2013*
October 2013 — April 2014

«Ich mag es wenn meine Bilder in stark ausgeprägten architektonischen Räumen gezeigt warden — Räume, welche das Zusammenspiel und die Unterschiede zwischen Malerei und Architektur hervorheben. Im Gegensatz zu neutralen Räumen, bringen aktive Räume meine Bilder zum Leben. Selbst Konflikt ist gut. Als ich Haus 2226 im Juni 2013 besuchte, als die Bauarbeiten fast beendet waren, sah ich, wie der Raum geprägt wird von dem ständig wechselnden Tageslicht, das durch die hohen Fenster entlang der Aussenwände einfällt und sich vom Fussboden bis zur Decke ausbreitet. Die niedrigen und hohen Wände innerhalb des Raums durchstossen dieses ständig wechselnde Licht. Diese gleitende Bewegung an den Wänden entlang hat ganz besonders meine langen, horizontalen Bilder animiert. Gerne hätte ich dieses Zusammenspiel von Licht, Architektur und meiner Malerei noch an mehreren Tages- und Jahreszeiten erleben dürfen.»

"I like it when my paintings are shown in strongly defined architectural spaces — spaces that bring out the interactions and differences between painting and architecture. Unlike neutral spaces, active spaces bring my paintings to life. Even conflict is good. Visiting House 2226 in June 2013, when construction was nearly finished, I saw how the space is defined by the constantly changing daylight coming in through the large windows along the exterior walls and extending all the way from the floor to the ceiling. The low and high walls inside the space cut through this constantly changing light. It was this sliding movement along the walls in particular that activated my long horizontal paintings. I wish that I had been able to experience this interaction between light, architecture and my painting at more times of the day and even in different seasons."

David Reed, 1946 geboren in San Diego, Kalifornien, Vereinigten Staaten, lebt und arbeitet in New York.

David Reed, born 1946 in San Diego, California, United States, lives and works in New York.

Hubert Kiecol, *Früh*
May 2013 — September 2014

«Nachdem ich die Räume des Gebäudes in Lustenau betreten hatte, war für mich sofort klar, welche meiner Arbeiten dort gezeigt werden sollten. Die hohen Räume mit hellem Estrichboden und Fenstern, die am Boden beginnen und dadurch den Raum in die Landschaft erweitern, haben eine großzügige, neutrale Präsenz. Das Schlüsselerlebnis in einem leerstehenden Fabrikgebäude Ende der Siebzigerjahre und die Erkenntnis, dass auf diesem Erlebnis nicht mit 1:1 Formen zu antworten war, gab den Anlass zu Arbeiten, die trotz minimaler Volumina Größe erreichen sollten. In Lustenau war nach langer Zeit die Möglichkeit gegeben, dass die frühen kleinen Betonarbeiten ihre Kraft, ihr Volumen in die Fläche und in den fast unbegrenzten Raum erweitern konnten.»

"Once I had walked through the spaces in the building in Lustenau, I knew immediately which of my works should be shown there. The tall rooms with a light screed floor and windows that start at floor level and thus expand the interior space into the landscape beyond, have a generous, neutral presence. A formative experience in an abandoned factory building in the late 1970s and the realization that shapes on a scale of 1:1 could not respond to this experience, gave the impetus for works that were to develop scale despite minimal volumes. A long time later, Lustenau offered the opportunity to allow these small, early works in concrete to unfold their power, their volume across the area and into the nearly unlimited space."

Hubert Kiecol, 1950 geboren in Bremen-Blumenthal, Deutschland, lebt und arbeitet in Köln.

Hubert Kiecol, born 1950 in Bremen-Blumenthal, Germany, lives and works in Cologne.

«Mir gefiel es, meine Arbeit in Häusler Contemporarys neuem Ausstellungsraum im Haus 2226 von baumschlager eberle zu zeigen. Die Architektur ist minimal und schön an die Landschaft angepasst. Man spürt, wie die Beziehung Innen/Außen und Landschaft/Architektur durch die ästhetisch schönen, mechanischen Klappen kontrolliert wird, die sich so einfach wie ein Auge öffnen und schließen. Die subtile Qualität des passiven Designs und die Abwesenheit sichtbarer Technik bringen das Haus 2226 auf ein modernes Niveau und führen einen sehr reduzierten Ansatz ein mit einfachen Material wie Holz und Glas. Die Architektur ist unaufdringlich und bietet einen idealen Rahmen zur Kunstbetrachtung. Der Ausstellungsraum erzeugt eine kapellenartige Stille. So kann man nicht nur die Kunst betrachten, sondern auch die Art und Weise wie sie in dieser Architektur reflektiert wird.»

"I enjoyed showing my work in Häusler Contemporary's new space in baumschlager eberle's building 2226. The architecture is minimal and beautifully adapted to its place in the landscape. One senses how the indoor/outdoor and landscape/architecture relationship is controlled by beautiful mechanical apertures that open and close as naturally as a human eye. The subtle quality of the building's passive design, and the absence of visible technology puts it on a very modern plane and introduces a very reductive approach to simple materials like wood and glass. The architecture is unobtrusive and, in that sense, provides the perfect environment for viewing art. The exhibition space creates a chapel-like silence. This makes it possible to contemplate the art and also how it is reflected within this architectural environment."

Keith Sonnier, 1941 geboren in Mamou, Louisiana, Vereinigten Staaten, lebt und arbeitet in New York.

Keith Sonnier, born 1941 in Mamou, Louisiana, United States, lives and works in New York.

Judy Ledgerwood, *Lose Loos*
March 2015 — September 2015

«Meine Bilder werden durch die Umgebungsbeleuchtung und die Bewegung der Betrachter belebt. Dietmar Eberles Gebäude regt die Betrachter zur Bewegung an, was eine Erfahrung fördert, die sie im Verlauf der Zeit an verschiedenen Sichtpositionen belohnt. Außerdem benutzen meine Bilder eine neue Materialität, welche die Konzepte unterstützt.
Die Bekenntnis zu besonderen Materialien in der Architektur ist gleichermaßen mit dem Konzept verknüpft, sodass Formen und Ideen stofflich sowohl in Haus 2226 als auch in meinen Bildern verbunden sind.»

"My paintings are activated by ambient light and viewer movement. Dietmar Eberle's building encourages viewer movement which results in an experience that rewards the viewer over time at different viewing positions. Also my paintings use new materiality to support the concepts. The commitment to particular materials in the architecture is equally linked to the concept, so that forms and ideas are bound together materially in both Haus 2226 and my paintings."

Judy Ledgerwood, 1959 geboren in Brazil, Indiana, Vereinigten Staaten, lebt und arbeitet in Chicago, Illinois.

Judy Ledgerwood, born in 1959 in Brazil, Indiana, United States, lives and works in Chicago, Illinois.

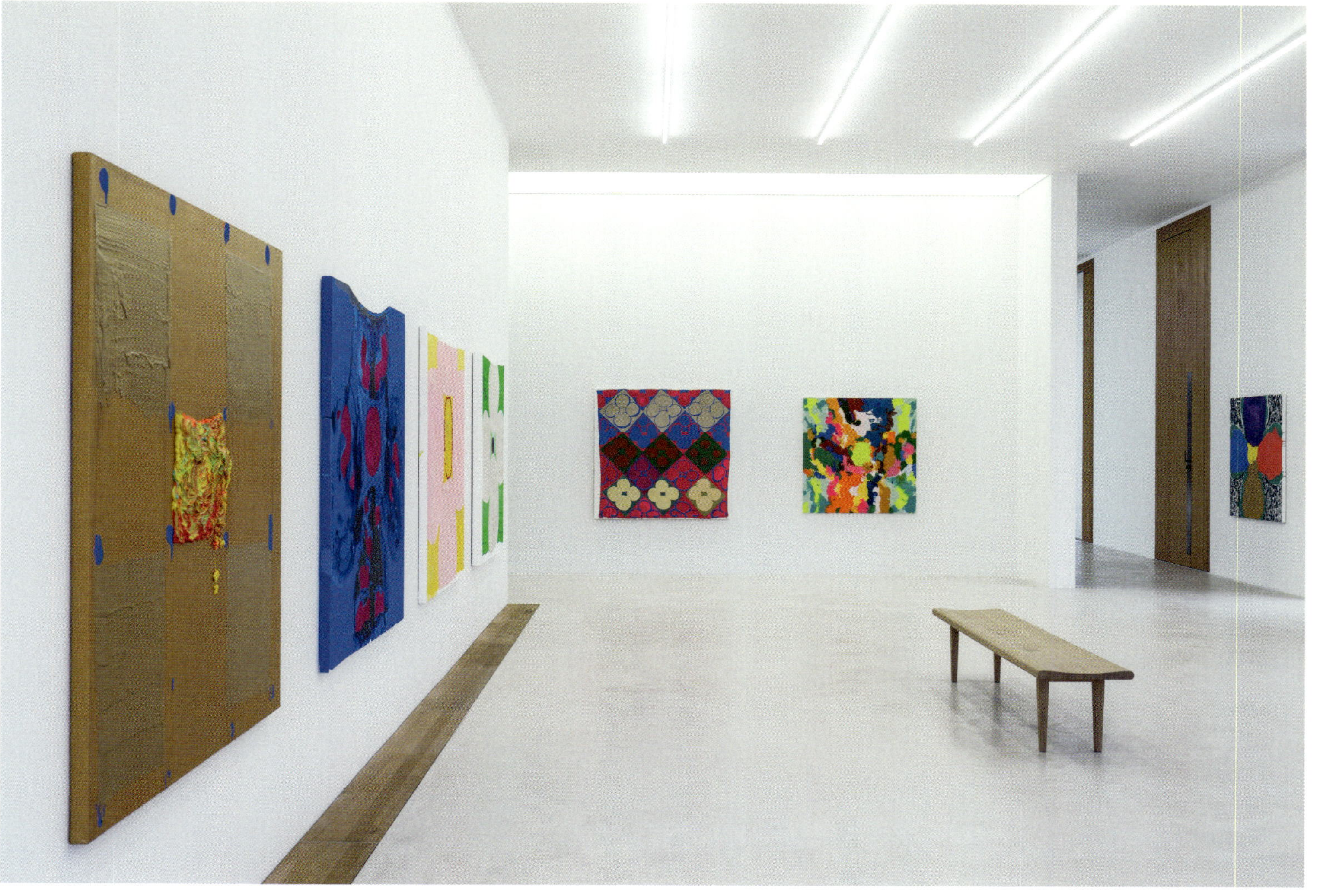

Jürgen Partenheimer, *Metaphysik*
September 2015 — February 2016

«Metaphysik jenseits der natürlichen Beschaffenheit der Dinge bedeutet ‹den Mond durch den Wald rollen›. Es geht in der Kunst um die Entfaltung und Bewahrung des poetischen Raumes jenseits der sinnlichen Erfahrung sowie um die Gewissheit dieses Ideals. Traum und Wagnis, die Vorstellung der Wirklichkeit.»

"Beyond the natural properties of things, metaphysics makes it possible 'to roll the moon through the forest'. What matters in art is the creation and preservation of the poetic space beyond the sensuous experience as well as the certainty of this ideal. Dream and daring, the imagination of reality."

Jürgen Partenheimer, 1947 geboren in München, Deutschland, lebt und arbeitet seit 2015 in München.

Jürgen Partenheimer, born 1947 in Munich, Germany, lives and works in Munich.

Florian Aicher

Baustoff, Bauart, Baustelle
Material, Type, Site

Florian Aicher wurde 1954 in Ulm (Baden-Württemberg) geboren und studierte Architektur an der Staatsbauschule Stuttgart. Er arbeitet als Architekt mit Schwerpunkten in den Bereichen Hochbau, Objektplanung, Ausstellung. Ferner ist er Herausgeber mehrerer Publikationen und schreibt als Journalist für die Fach- und Tagespresse. Seine Lehrtätigkeit übte er an der Hochschule München, der HfG Karlsruhe, der HdK Saar aus und lehrt an der FH Kärnten.

Florian Aicher was born in 1954 in Ulm (Germany) and studied architecture at the University of Applied Sciences in Stuttgart. He works as an architect with a focus on structural engineering, project planning and exhibitions. He publishes several periodicals and works as a journalist for professional publications and daily press. He has taught at the Munich University of Applied Sciences, the Karlsruhe University of Arts and Design, the HBKsaar (Academy of Fine Art and Design in Saarbrücken, Germany) and currently teaches at the Carinthia University of Applied Sciences (Austria).

«Das Haus strahlt Ruhe aus. Es versteht sich ganz von selbst. Ich fühle mich hier wohl, und das liegt in hohem Maße an dem richtigen Verhältnis von Licht und Schatten, Öffnung und Wand, an den Oberflächen und an den räumlichen Proportionen.»

"The house exudes tranquility. It is natural and unassuming. I feel comfortable here and that is largely due to the right relationship between light and shadow, opening and wall, the surfaces and the spatial proportions."

Florian Aicher
Architekt und Publizist
Architect and publicist

Ein wenig aus der Mode ist es gekommen, dieses Wort. Was ist das eigentlich — ein Haus? Genau besehen sind darauf durchaus unterschiedliche Antworten möglich.

Es kann als ein Objekt beschrieben werden, festgefügt, ein materielles Konstrukt, objektiv. Es kann als Resultat eines Willens beschrieben werden, künstlerische Schöpfung gar, subjektiv. Es kann als ein Ding beschrieben werden, das sich Lebensvorgängen verdankt, als ein Organismus, dessen Form nicht endgültig abgeschlossen ist. Ein solches Haus hat weniger Substanz-, sondern eher Geschehnischarakter — es ist ein dynamisches System.

Planting

Kann ein Haus in dieser Hinsicht als ein Nebeneinander von in sich abgeschlossenen Bauteilen, Baustoffen von unverrückbarem Objektcharakter, verstanden werden? Ist es nicht eher ein Gefüge, eingebunden, auf Einflüsse reagierend, nicht zuletzt auf das Verhalten derjenigen, die es benutzen, mit ihm umgehen? Welcher Art müssen Baustoffe sein, um dies zu vermögen, welcher Art das Gefüge des Baus? Ein Haus, das dem Nutzer entgegenkommt, ohne sich ihm aufzudrängen, das aufs Selbstverständlichste reagiert, muss auf eigene Art beschaffen sein.

Haus meint ursprünglich: das Bedeckende, Umhüllende; Hut oder Haut klingen noch an, dazu kommen Heim und Heimat. Es räumt den Nutzern einen geschützten Ort ein, schafft begrenzten Raum, der den Nutzern Entfaltung eröffnet, neutral genug, um sie nicht festzulegen. Es bietet ein Klima im weitesten Sinn, eine Atmosphäre, eine Gesamtheit zuträglicher Umstände. Sein Komfort besteht darin, hinreichend Reaktionsvermögen zu bieten, abzufedern, offen zu sein für regelnden Zugriff. Begrenzend als ein Gegenüber, verfügbar als Mitspieler — das Haus ist ein Mittler, kein Spezialist, ein Gebilde, das dem entgegenkommt, der als Nutzer darauf zugeht.

Outdoor installation

The word "house" has dropped out of fashion somewhat. What exactly is a house nowadays? Looking at it more closely, there are several answers.

It can be described as an object, fixed, a material construct, something objective. It can also be described as the result of intention, an artistic creation, something subjective. Or it can be described as a thing, which owes its existence to life processes, an organism whose form is not yet defined. Such a house is not as much defined by its substance than by its character as an event — it is a dynamic system.

So, should a house be understood as a juxtaposition of finished construction components and building materials with the definite character of an object? Or is it more a fabric, reacting to influences, especially the behavior of those who use it? What kind of building materials can do this? What kind of construction fabric? In order to accommodate the users without imposing itself on them, in order to respond to the most obvious needs, a house has to be built to do exactly that.

House originally meant that which covers, surrounds; the sound is reminiscent of hat, as well as home and homeland. It provides a protected space, defining a delimited space that opens up possibilities for the user's development while being sufficiently neutral so as to not stifle them. In the broadest sense of the word it creates a climate, an atmosphere, a place of more conducive circumstances. Its comfort consists in its ability to provide sufficient capacity to react, to cushion and to be ready for the intervening hand. More a counterpart, a teammate, the house is an agent, not a specialist, a structure that accommodates the person who approaches it as a user.

Those are the qualities of the building materials for building such a house. They must be able to react

Damit sind Qualitäten benannt, die in den Baustoffen angelegt sein müssen, aus welchen das Gebäude besteht. Sie müssen auf die Dynamik des Nutzerklimas reagieren können — puffern, speichern, eingrenzen. Sie müssen dies dauerhaft können, uneingeschränkt durch komplizierten Aufbau. Sie sind eher Mittler als Spezialisten, von reduzierter Komplexität in sich und in ihrem Einsatz. Es sind in der Regel Stoffe, die durch wenige Umformungen gekennzeichnet sind auf dem Weg von ihrer natürlichen Herkunft zum Einsatz. Selbstverständlich gibt es am Bau immer Fälle, für die Spezialisten gefragt sind; doch nicht Spezialfälle, sondern das Selbstverständliche sollte die Regel sein.

Baustoff

Der Ziegel ist in seiner heutigen Form in der Lage, Lasten abzutragen, Wärmeabfluss zu dämmen, Wärme und Feuchtigkeit zu speichern — ein homogener, monolithischer Baustoff mit Lufteinschlüssen zur Wärmedämmung. Er ist der gebräuchlichste Baustoff für druckbeanspruchte Konstruktionen. Unter den üblichen Baustoffen ist er mit Abstand am besten in der Lage, Temperatur und Feuchtigkeit — die beiden entscheidenden Komponenten des Raumklimas — zu puffern. Sein Ausgangsmaterial — Lehm — steht nahezu unbegrenzt zur Verfügung. Er unterliegt der heute industriell betriebenen Umformung des Brennens — ein energieintensiver Vorgang (bei 800—900 C°), der jedoch im Vergleich zu den Umformungen von Zement, Stahl, Glas oder Plastik deutlich zurücksteht. Der Ziegel ist der Hauptbaustoff des Gebäudes 2226.

Der Zement ist im Kern ähnlichen industriellen Produktionsvorgängen unterworfen wie der Ziegel, wobei die Brenntemperatur (1450 C°) entschieden höher liegt und der Aufwand für die Bereitstellung des Ausgangsmaterials — Bruch und Mahlen des Steins — hinzukommt. Zu Beton

Building shell

to the dynamic of the user climate by buffering, storing and defining. Those are things they constantly do, unhampered by complicated construction. Houses are actually uncomplicated in their execution. As a rule the materials are characterized by a minimum of processing from their natural origins to their deployment. Of course there are always cases in construction where specialists are needed, but the self-evident should be the rule and not the exception.

Material

Modern brick can support weight, stem the dissipation of heat and store heat and moisture. It is a homogenous, monolithic building material with air pockets for thermal insulation, the most versatile building material for structures that must withstand pressure. Among the usual building materials it is by far the best buffer for temperature and moisture, the two decisive factors in indoor climate. The basic material of brick, clay, is almost unlimited in availability. It must be industrially processed by kiln firing, an energy intensive process (at temperatures of 800—900 °C), which, however, is economical in comparison with the production costs of cement, steel, glass or plastic. Brick is the main building material of 2226.

Brickwork

Cement is basically produced according to similar industrial processes as brick, although the production temperature (1450 C°) is considerably higher, in addition to the added expense of breaking and milling the limestone. When it is used as concrete it greatly exceeds the static values of brick and when combined with steel it withstands pressure as well as tension. It is neither a good heat reservoir, nor is it a good insulator or buffer against moisture. As a building material with excellent static characteristics it is only used in 2226 where it makes sense: in the ceilings and the foundations.

verarbeitet, überragen die statischen Werte jene des Ziegels bei Weitem, in Verbindung mit Stahl sowohl bei Druck wie bei Zug. Der Beitrag zum Raumklima ist begrenzt – der Wärmespeicher eignet sich kaum zum Dämmen oder als Feuchtigkeitspuffer. Als Spezialist mit hohen statischen Eigenschaften kommt er im Gebäude 2226 nur dort vor, wo es sinnvoll ist: bei Decken und Fundamenten.

DER KALK wurde im Gebäude 2226 als Putz eingesetzt – gleichermaßen innen wie außen. Wie Zement ist er gebrannter Stein, jedoch bei deutlich niedrigerer Temperatur (1000 C°) gebrannt. Das CO_2, das beim Brennen entweicht, wird beim Erhärten des verarbeiteten Mörtels durch Karbonatisierung wieder aus der Luft aufgenommen und erhärtet zum nun geformten Kalkstein. Kalkputz ergänzt die klimarelevanten Stoffeigenschaften des Ziegels und schützt ihn mit einer harten Schicht. Beim Außenputz ist die letzte Schicht wetterfest; es handelt sich um reinen Kalkputz aus trocken gelöschtem Kalkbrand, dessen Karbonatisierung nach den ersten drei Monaten hinreichend abgeschlossen ist, durch Bewitterung jedoch über Jahrzehnte weiter erhärtet und Steinqualität annimmt. Dieser Putz – im Unterschied zum maschinengängigen Industrieprodukt des Unter- und Innenputzes – ist handwerklich gebrannt und aufgebracht.

KALZIUMSULFAT dient als offener Fließestrich; in seinen raumklimatischen Eigenschaften und dem Energieaufwand zu seiner Herstellung ist er dem Ziegel ähnlich, seine Einbaueigenschaften sind vorteilhaft.

NATURSTEIN – Rorschacher Sandstein – wurde als Abdeckung der außenliegenden Fensterbänke und der Attika eingesetzt.

HOLZ, der nachwachsende und vorwiegende Baustoff der Region, kommt bei Fenstern und Außentüren, Innenausbau und Unterboden des Estrichs ausschließlich als Vollholz zum Einsatz. Gegenüber

Standstone quarry

LIMESTONE is used in 2226 as plaster, on the interior and the exterior. Like cement, it is a burnt stone product, but manufactured at a much lower temperature (1000 °C). The CO_2 that is released during firing, is recaptured by carbonation during the hardening process, which continues until it becomes limestone. A layer of lime plaster augments the climate related material characteristics of brick and protects it as well. When used on exterior surfaces, the last layer of pure lime plaster is weatherproof; made of dry slaked lime, its carbonation is sufficiently completed within three months, although it continues to harden over the course of decades as a result of exposure until it acquires a stone-like consistency. The plaster used for 2226, in contrast to machine made industrial products, is burned and applied by craftsmen.

CALCIUM SULPHATE is used as an open floating screed. It resembles brick in its indoor climate characteristics and the energy consumed in its production. Its installation characteristics are advantageous.

NATURAL STONE – Rorschach sandstone – was used to cover the exterior window sills and the roof parapet.

WOOD, the renewable and primary building material of the region, is used exclusively as solid wood for the windows and outer doors, interior construction and sub-flooring for the screed. It needs no industrial processing and it can be given a high quality finish.

Calcination of limestone

GLASS is an inorganic product with a complex chemical composition, produced by melting at high temperatures (1400 C°). It is mainly produced in large-scale industrial facilities. Because of this processing it is an expensive building material, which is sparingly employed in 2226. High-quality triple-pane windows with a U-value of 0.5 (overall heat transfer co-efficient) and LT of 71 percent are only

Holzwerkstoffen entfallen industrielle Umformungen, dagegen profitiert die Verarbeitung von der hohen Qualität handwerklichen Know-hows bei der Verarbeitung

DAS GLAS ist ein anorganisches Schmelzprodukt von komplexer chemischer Zusammensetzung, das bei hohen Temperaturen (1400 C°) aus Komponenten geschmolzen wird und dessen Herstellung heute überwiegend in industriellen Großanlagen erfolgt. Entsprechend diesen Umformungen ist es ein hochwertiger Baustoff, der für das Gebäude 2226 entsprechend sparsam verwendet wurde. Es kommen hochwertige, dreischichtige Gläser mit Ug = 0,5 und Lt = 71 Prozent nur als Festverglasung vor. Ihr Anteil an der Gesamtfläche der Fassade liegt bei 16 Prozent.

Precast ceiling

Bauart

Das Gebäude 2226 ist ein klassischer Massivbau — Ziegelwände mit aufgelegten Stahlbetondecken. Durchgehend Stockwerk um Stockwerk gemauert, tragend sowohl die raumbildenden Innen- als auch die Außenwände mit Lochfassade und hochformatigen Öffnungen. So korrespondiert die Baukonstruktion mit dem Belichtungs- und Klimatisierungskonzept — dem dynamischen System entsprechend.

Die Wände sind homogene Ziegelkonstruktionen — Ziegelscherben ohne zusätzliche Stoffe — im Verbund mit Kalkmörtel vermauert und mit Kalk verputzt. Bemerkenswert die Außenwand: tragend, dämmend, speichernd, puffernd, wetterabweisend — alles in einem.

Construction process

Was als Lowtech erscheint, ist freilich ein Ziegelbau auf höchstem Niveau — die technische Intelligenz steckt im Bau, nicht in Zusatzkomponenten. Die 76 Zentimeter starke Außenwand ist aus zwei homogen vermauerten Ziegeln von 38 Zentimetern Tiefe aufgeführt. Die sechs Stockwerke,

used as fixed glazing. They comprise 16 percent of the total area of the façade.

Type

2226 is a classic solid construction with brick walls and reinforced concrete ceilings. The load-bearing walls are constructed floor-by-floor of brick, with the space-forming interior and exterior walls covered by a punctuated façade with vertical openings. A dynamic system results from the correspondence between the construction and the lighting and air-conditioning concept.

The brick used in the walls is without additives, mortared with lime mortar and plastered with lime. The outer wall is of note: load-bearing, insulating, heat storing, buffering and weatherproof, all in one.

What appears to be low-tech is in fact brick construction at the highest level: the technical intelligence lies in the construction not in the additional components. The 76-cm-thick outer wall is composed of two homogenously mortared 38-cm-thick layers. With six floors, including the unusually high-ceilinged ground floor, the limit for this kind of construction has been reached. Depending on the static requirements, four separate brick combinations were calculated. On the exterior, from ground level to the roof parapet high-insulating stone was used, with alternating compressive strength — displaced from each other by one half brick in order to avoid thermal bridges. This joint and the settlement joints were walled up, when it was shown that the mortar reduces pressure spikes in contrast to the faster but more brittle adhesive. This method made it possible to build the house without expansion joints.

The height of the building then became a challenge because the exterior walls surround the roof as smooth surfaces without any projections. The system is only possible because the interior walls

darunter das ungewöhnlich hohe Erdgeschoss, reizen die Grenze einer derartigen Konstruktion aus. Je nach statischem Erfordernis wurden vier Ziegelkombinationen errechnet. Außen von der Grasnarbe bis zur Attika ein hoch dämmender Stein, innen wechselnde Druckfestigkeiten — zueinander um einen halben Stein versetzt zur Vermeidung von Wärmebrücken. Diese Fuge wurde wie eine Setzfuge vermauert, da sich gezeigt hat, dass der Mörtel Spannungsspitzen abbaut im Gegensatz zum zwar schnellen, aber spröden Kleber. Diesem Sachverhalt folgend kommt das Haus ohne Dehnungsfugen aus.

Window frame

Eine Herausforderung war die Gebäudehöhe deshalb, weil die Außenwände als glatte Scheiben ohne Mauervorlagen umlaufen. Nur, indem die Innenwände durch senkrecht einbindende Seiten ausgesteift wurden, war das System möglich. Der Ehrgeiz, dem Stoff ohne Tricks die Treue zu halten, ist deutlich erkennbar: Es gibt im ganzen Haus keine Betonwand — dafür ein neues Wort: Rohbauästhetik.

Bemerkenswert ist auch der Einbau der Fenster — raumseitig putzbündig. Allein der werkgerechte Einbau der 1,8 × bis zu 3,5 Meter großen Elemente hat dies ermöglicht. Der Vollholzrahmen ist in einen gemauerten Anschlag montiert, der Außenputz schließt mit dem Glas ab, der Innenputz bündig mit dem auf ganzer Breite sichtbaren Holzrahmen — kein Ausschäumen, keine Verklebung, keine Putzleiste, nur der Kellenschnitt.

Auf den tragenden Ziegeln liegen vorgespannte Filigrandecken auf, 8 Zentimeter stark vor Ausgießen. Dazu kommen knapp 20 Zentimeter Verguss — auch dies ist der Dynamik in der Konstruktion geschuldet. Die Filigranelemente sind vorgespannt, um die Einrüstung beim Ausgießen und die Stärke der fertigen Decke zu minimieren. Bei knapp 8 m Metern Spannweite ließ sich so eine Gesamtstärke von 25 Zentimetern erreichen — was wiederum im Ziegelmaß bleibt.

Auf dieser Decke liegt der Fertigboden auf — ein Doppelboden eigener Art. Auf Polsterhölzern liegt eine Spundschalung aus ungehobelter Fichte, abgedeckt mit einer Schalldämmmatte. Darauf ist der Fließestrich vergossen. Schnell verlegt, sauber und robust, fugenfrei, bearbeitbar. Der Hohlraum sichert

are braced with perpendicularly connected sides. The goal to remain true to the material without using tricks paid off: there are no concrete walls in the house. A new word has been coined for it: envelope aesthetics.

The window installation is also interesting. On the inside the windows are flush with the plaster, possible thanks to the workmanship in installing the oversized frames (1.8 x 3.5 m). The solid wood frame is mounted in a masonry stop, the outside plaster terminates at the glass and the inside plaster is flush along the entire width of the visible wood frame. No insulating foam is used, no gluing, and no plaster slats, just the furrow. Pre-stressed filigree ceilings are placed on the load-bearing bricks, 8 centimeters in front of the pre-stressed concrete element, 20 centimeters with the in-situ concrete. This is also due to the structural dynamic in the construction. The ceilings are pre-stressed in order minimize the scaffolding and to reduce the ceiling slab. At a span width of just under 8 meters, it was possible to achieve a thickness of 24 centimeters, equal to the dimension of a brick.

The flooring lies on this ceiling, a kind of double floor. Tongue and groove boarding is laid on flooring joints made of raw spruce covered with a sound-insulating mat. The robust floating screed is poured on quickly and cleanly, without joints and ready to be worked. The raised floor provides flexible electrical installation in the rooms: holes are drilled into the floor only when the need arises and the cable is pulled through from one of the four distribution ducts. If no longer needed, the access is closed and the floor is seamlessly filled.

This is solid construction that does not pretend to be solid. It truly is. The surfaces are user-friendly, because they are understandable, insensitive and easy to take care of and maintain. The principle of improvement is applied everywhere. Plastered walls have the advantageous property of being easy to repair when damaged. The lime plaster walls are truly robust. In the beginning each instance of mounting something on the wall was approached with caution; today, tape is used without concern.

eine flexible Elektroinstallation der Räume: Je nach Bedarf — und nur dann — wird der Boden angebohrt und von einer der vier Verteilerschächte aus die Leitung nachgezogen. Entfällt der Bedarf, wird rückgebaut und der Boden spurenlos verspachtelt.

Ein Massivbau, der nicht nur robust aussieht, sondern es auch ist. Die Oberflächen sind nutzerfreundlich, weil sie begreifbar, unempfindlich, pflegeleicht und leicht zu erhalten sind. Nachbessern als Prinzip: Am Boden ist es angewandt. Es ist eine schöne Eigenschaft verputzter Wände, dass Beschädigungen leicht zu beheben sind. Dabei hat man erst gelernt, wie robust geschliffene Kalkputzwände sind: Vorsichtig hat man sich ihnen genähert, als es darum ging, Dinge aufzuhängen — heute ist Klebeband gang und gäbe.

Unkompliziert, lässig — so ist der Innenausbau, der mit Wenigem auskommt. Doch auch hier: Im Einfachen steckt hohes Handwerkskönnen. So verdanken sich Komfort und Eleganz der langen gepolsterten Bänke in der Kantine der englischen Technik der Kapitonierung — einer Meisterung der großen Fläche durch gliedernd gesetzte Knöpfe. Oder die Großzügigkeit des Arbeitsplatzes verdankt sich einem Tisch, der mit einer Länge von 4,5 Metern massiver Eiche nur in meisterhafter Verarbeitung denkbar ist. Spitzenleistung sind auch die mit 1,8 × 4,5 Metern Abmessung enormen Glaspendeltüren — nicht nur ESG-Gläser dieser Größe, auch der Verbund mit einem fingerschmalen Aluminiumrahmen, der Schlosskasten und Lagerbolzen sind integriert.

Baustelle

Wie die Baustoffe und die Bauart des Hauses, so verlief das Bauen selbst, so war die Baustelle: einfach, selbstverständlich, sauber.

Wer heutige Baustellen kennt — Lieferverkehr, Materialdepots, die den Weg versperren, allerlei Schrott und die Sorge, in einen Nagel zu treten, umherhuschende Gestalten, die Fragen ausweichen, Gewerke, die nicht wissen, was vor ihnen war und was nach ihnen folgt, Radios im Kanon — der wundert sich noch in der Erinnerung über jeden Baustellenbesuch: das Material gut verräumt, die Wege frei, zügiges Schaffen, gelassene Konzentration, fast möchte man sagen: gute Laune.

Floor structure

The interior construction is similarly easy and uncomplicated. But the apparent simplicity disguises a high level of craftsmanship. For instance the upholstered benches in the cafeteria owe their comfort and elegance to the English technique of quilting the large surfaces with orderly rows of buttons. And the generosity of the workstation is achieved thanks to a table, whose impressive length of 4.5 meters and solid oak construction speaks to the masterful craftsmanship. The giant glass swing doors (1.8 x 4.5 m) are also premium quality, not only because of the use of safety glass in this dimension, but also thanks to the finger-width aluminum frame with integrated lock case and bearing pins.

Site

The site was much like the building material and the building type itself: simple, self-evident and clean.

Those who are familiar with building sites today — with delivery traffic, material depots which block the way, trash everywhere and the lurking fear of stepping on a nail, with individuals scurrying around who won't answer a question, subcontractors who don't know what comes before or after them, battalions of radios — will not forget visits to this building site: material neatly stored, the pathways clear, speedy work, relaxed concentration; one could almost say a good mood.

But this does not come as a surprise. These are experienced construction crews, not a collection of subcontractors. The personnel know each other and everyone is familiar with what is going on. This is also an area where the reduction of complexity has a refreshing effect. Those who have an overview of their own place in the overall scheme of things are more conscious of the value of their own work.

A grasp of the whole characterizes the activity of the craftsman in contrast to the fragmentation of the industrial division of labor. This approach can be found on the building site even if one of the largest construction companies has been contracted. The reason is obvious: there are no "specialists" contracted for piece work — no corner trims to install, no sealing sheets to be glued. And, yes, no heating pipes to be laid, no ventilation ducts

Das ist weniger erstaunlich, als es scheint: Es waren eingespielte Bautrupps, wenige Gewerke, man kannte sich, ein jeder wusste wenigstens ungefähr, was vor sich ging. Auch hier bewirkte Komplexitätsreduktion Erfreuliches: Wer den Überblick hat, über den eigenen Platz im Ganzen im Bilde ist, erfährt den Wert eigener Arbeit. Das Wissen ums Ganze charakterisiert handwerkliches Tun im Gegensatz zur Fragmentierung industrieller Arbeitsteilung. Diese Haltung findet man auf der Baustelle selbst dann, wenn—wie beim Bauhauptgewerbe—die Leistung von einem der größten Bauunternehmen des Landes kommt. Der Grund ist einfach: Es gibt keine Akkordtrupps von «Spezialisten»—keine Winkelschienen werden versetzt, keine Dichtungsbahnen verklebt, ja: und keine Heizleitungen verlegt, Lüftungskanäle abgehängt, Unterdecken montiert und natürlich entsprechend: keine Schlitze geschlagen. Vier Fallleitungen, ein Installationsschacht, Elektroleitungen, die auf dem Rohboden zu vier Verteilern führen, das genügt.

Handwerkliches Tun charakterisiert den Bau aber auch noch auf ganz andere Weise. Wesentliche Elemente des Ausbaus stammen aus Werkstätten, die sich ausdrücklich auf ihr handwerkliches Vermögen berufen. Etwa die Fenster. Was für andere allein der Dimension wegen ein Problem wäre: Für die Schreinerei, die diese Fenster geliefert hat, war es keines. Jahrzehntelange Erfahrung mit individueller Fertigung begründet die eigene Sicherheit, die eine Welt jenseits von Standardprofilen eröffnet, dabei immer der eigenen Grenzen bewusst; gründend auf genauer Kenntnis des Rohstoffs Holz, dem Wissen, wo es wächst, wann es geschlägert wird, wie es zu behandeln ist, bevor es in der Werkstatt bearbeitet wird, und wie anschließend damit zu verfahren ist. Problemlos gelingt dann die Integration neuer Komponenten wie die Vakuumisolierung der Öffnungsflügel oder der Einbau kleiner Motoren.

Oder: das strahlende Finish des Hauses, das sich dem Außenputz verdankt—umgesetzt von einem

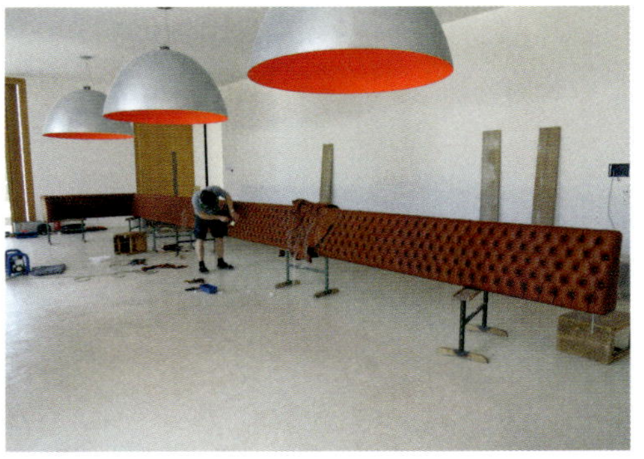

Benches

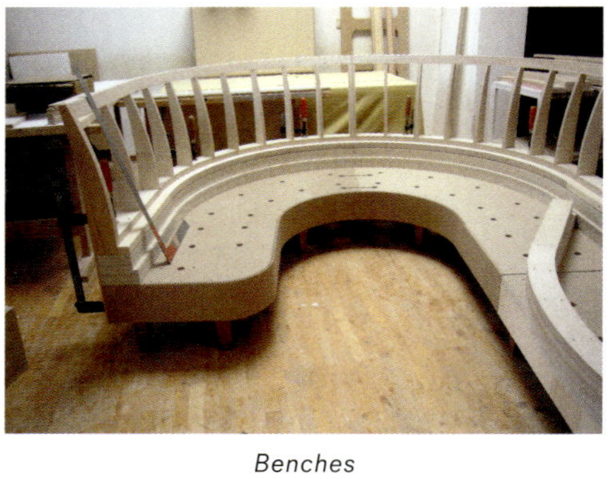

Benches

to be suspended, suspended ceilings to be hung and of course no need for the corresponding slits to be made. Four down-pipes, and one installation shaft which leads to four distribution boards on the unfinished floor are all that is required.

Craftsmanship characterizes the building in yet another way. Significant elements of the construction originate in workshops which place a priority on craftsmanship. The windows are a case in point. Their oversize alone posed no problem for the shop. Their decades of experience with individualized assembly provides a security far beyond the world of standard solutions, while always being aware of their own limitations. That experience means an intimate familiarity with the raw material, wood, knowing where it grows, when the trees should be felled and how the wood is treated before it makes its way to the workshop. The integration of new components like vacuum insulation of the opening casements or the installation of small motors poses no problems.

Or the exterior plastering which lends that gleaming finish to the house. It is created by a workshop which manages the whole process. From the quarrying of the limestone, to burning it in their own ovens, to the slaking of the limestone until it is ready to be plastered. Thanks to many years of experience with listed buildings, the shop was able to tread new ground and establish the right mixture for this house. In this case the surface was pure lime, without color or fungicide, which over time becomes ever harder and impervious to any algae or persistent woodpeckers.

That is this building's contribution to the culture of craftsmanship, extending far beyond national borders. The regional reference to that culture, the experience and ability to work with material at hand is self-evident. The limestone comes from the Bregenz Forest, is burned in the Wallgau, while the natural stone comes from Rorschach and the silver fir once again from the Bregenz Forest.

Handwerksbetrieb, der das Werk vom Rohstoff im Steinbruch über das Brennen des Kalks im eigenen Ofen, das Löschen das Kalks bis zum Putzaufbau nicht nur selbst verantwortet, sondern auch — dank langer Erfahrung im Denkmalbereich — die richtige Mischung für diesen Fall festgelegt und Neuland betreten hat. Geliefert wurde eine reine Oberfläche, nichts als Kalk, keine Farbe, keine Fungizide, die zu allem Überfluss mit der Zeit immer mehr aushärtet und keine Algen, keinen Specht fürchten muss.

So belegt dieser Bau eine Handwerkskultur, die weit über die Grenzen des Landes ausstrahlt. Der regionale Bezug einer solcher Kultur — Erfahrung und Können auf stofflicher Basis — versteht sich von selbst. Der Kalkstein kommt aus dem hinteren Bregenzerwald, gebrannt ist er im Wallgau, der Naturstein stammt aus Rorschach, die Weißtanne aus dem Bregenzerwald.

Einer Baustelle mit solchen Partnern ist zu verdanken, dass Zug um Zug gearbeitet werden konnte: Während oben die Attika fertig gemauert wurde, wurden in der Mitte die Fenster gesetzt und eingeglast, und unten begann das Verputzen. Vier Monate dauerte es, bis der Rohbau komplett war. Beim Innenausbau im Winter wurde mitunter kurzärmlig gearbeitet. Trotz unvorhersehbarer Widrigkeiten — an erster Stelle: schwierige Gründungsverhältnisse — wurden Zeitplan und Budget gehalten.

Fazit

Wer etwas über das Bauen heute erfahren will, muss auf Baustellen gehen. Dort ist zu erfahren, wie die Idee vom Haus als Maschine längst Wirklichkeit geworden ist. Die Flächen des Rohbaus — das gilt für Boden, Wand und Decke — sind belegt mit Leitungen, Rohren, Kanälen samt zugehörigen Verpackungen. Jeder Anspruch an das Haus wird mit einer technischen Installation beantwortet. Mit jeder Installation entsteht eine neue Schnittstelle, die zugleich potenzielle Schwachstelle ist, was erneut Ansprüche nach sich zieht, die wiederum mit technischer Installation, mit

Desks

Desk Transport

A building site like this one is possible because the partners work together step by step: while the attic was being bricked in above, the windows were being placed and glazed, and on the ground floor the plastering was started. The building shell took four months to complete. The interior construction continued in the winter in short sleeves. In spite of unforeseen complications, primarily problems with the foundation, the schedule and budget were on target.

Conclusion

Those who want to learn about building should visit a typical construction site. They will find out that the idea of the house as a machine has long been a reality. The surfaces of the building shell — that is, the floor, the walls and the ceilings — are pre-fitted with cable, pipe and conduit along with their packaging. Every requirement in the house is fulfilled with a technical installation. Every installation creates a new interface which can also be a weak point, which in turn must be accounted for with yet another technical installation and control. When everything has been installed, the house is packaged within another house, namely the one we see. It may come as a surprise, but that goes especially for buildings with top ecological ratings.

From that standpoint the 2226 building site should be judged by what it is not. It is not a technical spiral of never ending self-fulfilling prophecy. And it is not the location of everything that has been stuffed into it. In the case of 2226, aside from the "raised floor" and the hidden controls for the ventilation, what you see is what you get: an unobstructed view. And then it becomes clear: that is how one builds economically.

In its own way, 2226 answers the question of how to build in a time of scarce resources. The answer lies in the human resources and their experiences.

It is a method that works sparingly with material resources, preferring resources with a longer

Steuerung, mit Regelung beantwortet werden. Ist schließlich zu Ende installiert, so wird dieses Haus in ein weiteres Haus verpackt – das, was wir sehen. Erstaunlich: Die Überfrachtung von Installationen in heutigen Gebäuden gilt vor allem für Bauten, die schließlich mit ökologischen Bestnoten glänzen.

In dieser Hinsicht ist die Baustelle von Gebäude 2226 auch danach zu beurteilen, was nicht ist. Nicht ist: ein technischer Apparat, der sich in der Spirale selbst erfüllender Prophezeiung stetig nach oben schraubt. Nicht ist: eine Einhausung all dessen, was da hineingepackt ist. Dagegen Gebäude 2226: Sieht man vom «doppelten Boden» und der verborgenen Regelung der Lüftung ab, darf man das Haus für das nehmen, was man sieht: Anschauung, unmittelbar. Und man begreift: So baut man preiswert.

So gibt das Haus auf seine Weise eine Antwort auf die Frage: Wie bauen in einer Zeit knapper Ressourcen? Es betont die Ressource Mensch, setzt auf seine Erfahrung, und es geht sparsam mit stofflichen Ressourcen um, auch indem es deren Dauerhaftigkeit ins Zentrum rückt. Es führt die technische Intelligenz wieder in den Bau zurück und setzt diese mit menschlichen Ressourcen um. Kurze Wege und Baustoffe ohne Schadstoffe verstehen sich da von selbst. Bleibt die Frage nach dem energetischen Aufwand – sie zielt auf die Menge der Ziegel eines so massiven Hauses. Darauf ist eine Antwort möglich: Der Energieaufwand entspricht etwa dem eines Flugs einer Linienmaschine von Wien nach Mallorca und zurück, ein Mal. Gewiss: ein Flug zu viel. Doch wiege man das auf mit all dem, was vermieden wurde: der Dämmung, den Sperrschichten, den Apparaten, den Installationen, den Betriebskosten und erneutem Aufwand nach Amortisation für einen Zeitraum von 15 Jahren …

Water basin

lifespan. The answer also includes reintegrating technical intelligence in the construction and combining it with human resources. Shorter paths and construction materials without pollutants are self-evident. The question of the energy expenditure remains, namely the amount of brick used in such a solidly constructed house. The answer might be to compare the energy expended in one round-trip flight of a passenger airliner from Vienna to Majorca, which was certainly one flight too often. But compare that expenditure with everything that has been saved, in the insulation, the barrier layers, the machinery, the installations, the costs of operating and the renewed expenditure after an amortization of fifteen years…

Walter Hugentobler

Gesundheitliche Aspekte
Health Aspects

Walter Hugentobler wurde 1951 in Genf geboren und studierte Medizin an der Universität Zürich. 1979 schloss er seine Dissertation ab. 1985 folgte der Abschluss der Ausbildung zum Facharzt für Allgemeine Innere Medizin. Von 1985 bis 2012 führte er eine Hausarztpraxis. Seit über dreißig Jahren setzt er sich praktisch auseinander mit den Auswirkungen von winterlicher Lufttrockenheit auf Haut, Augen, Schleimhäute und den Wasserhaushalt des Menschen. Er ist als medizinischer Berater und als Lehrbeauftragter am Institut für Hausarztmedizin an der Universität Zürich tätig.

Walter Hugentobler was born in 1951 in Geneva and studied medicine at the University of Zurich. He completed his doctoral thesis in 1979 and his training as specialist for internal medicine in 1985. He ran a general practice from 1985 until 2012 and has more than thirty years of practical experience with the effects of dry winter air on the skin, eyes, mucous membranes and water balance of human beings. He works as a medical consultant and lectures at the Institute for Family Medicine at the University of Zurich.

«In diesem Gebäude gehen Modernität und Tradition eine enge Liaison ein. Hochmoderne Technik und Ästhetik verbinden sich mit Elementen, die an mittelalterliche Schlösser und Burgen erinnern. Das alles geschieht ganz wie von selbst.»

"Modernity and tradition are closely intertwined in this building. Ultramodern technology and aesthetics are combined with elements that are reminiscent of medieval castles. And none of it is forced."

Walter Hugentobler
Mediziner
Physician

Das Gebäude 2226 von baumschlager eberle bietet den Nutzern ein hervorragendes Wohlfühlklima, das viel zur Gesunderhaltung beiträgt. Es ist zu hoffen, dass dieses Gebäudekonzept in der Architekturbranche zum zukünftigen Maßstab für echte Nachhaltigkeit und gesundes Innenraumklima werden wird.

HAUS und Gesundheit — ein ungewohntes Begriffspaar? Die Einflüsse des Hauses auf die Gesundheit der Nutzer sind stärker und vielfältiger, als wir das wahrhaben wollen. Es ist deshalb naheliegend, dass ein HAUS-Arzt sich Überlegungen macht zum innovativen Gebäudekonzept von 2226. Zum ganzheitlich denkenden und handelnden HAUS-Arzt gehört es ferner, sich auch mit dem häuslichen Umfeld der Menschen, ihrem HAUS und dessen Innenraumbedingungen auseinanderzusetzen.

Alle Gebäudeteile, von der Gebäudehülle über die Heizung, Lüftung, Kühlung und die Sanitäranlagen bis hin zum sogenannten Mikrobiom, der mikrobiologischen Besiedelung eines Gebäudes, sowie seine Verschmutzung üben einen direkten Einfluss auf Luft und Wasser und damit auf unsere Gesundheit aus. Zahlreiche Bezüge sind uns erst oberflächlich, teilweise noch gar nicht bekannt. Eine viel zitierte Aussage des Schweizer Architekten Justus Dahinden trifft den Kern der Problemstellung. Er formuliert in seinem Buch Architektur = Architecture: «Das zentrale Problem der Architektur ist der Raum, der den Menschen an Leib und Seele gesund erhält.»[1] Lösungen für dieses offensichtliche Problem können Architektur und Medizin nur gemeinsam finden.

Die WHO Europa hat im Jahre 2000 ein «Recht auf gesunde Innenraumluft» gefordert. Diese Forderung ist nicht einfach «aus der Luft gegriffen». Gebaute Räume sind keine leeren Hüllen. Sie sind angefüllt mit Luft, im physikalischen Sinne mit einem Aerosol, das aus Gasen, Wasserdampf und luftgetragenen Schwebestoffen besteht. Diese Luft ist gleichzeitig Hauptnahrungsmittel des Menschen und — wie wir zunehmend zur Kenntnis nehmen müssen — auch Hauptrisikofaktor für Krankheit und vorzeitigen Tod durch kardiorespiratorische Erkrankungen sowie luftübertragene Infektionen.[2] Wir Menschen «veratmen» täglich bei sitzender Tätigkeit ungefähr 15 000 Liter Luft. Das entspricht 18 Kilogramm Luft und ist mehr,

Heat capacity, Monsanto, Portugal

Building 2226, designed by the architectural office of baumschlager eberle, offers the user an exceptional feeling of well-being and contributes much to health maintenance. This building concept is destined to become the future standard in architecture for real sustainability and a healthy indoor climate.

Building and health — an unlikely match? The influence of a building on the health of its users is stronger and more varied than we perhaps recognize. It should be obvious that a family doctor will have something to say about the innovative 2226 building concept. A family doctor who thinks and acts holistically will also consider the built environment and the conditions of the indoor space.

All building components, from the shell to the heating, ventilation, cooling systems and the sanitary facilities, to the so-called microbiome, the microbiological load in a house, as well as its contaminants have a direct influence on air and water quality and thereby on our health. We may be only superficially aware of many factors or completely unaware of some of them. An oft-quoted statement by the Swiss architect Justus Dahinden sums up the problem in his monograph Architektur = Architecture: "The central problem of architecture is the space that keeps the human being healthy in body and soul."[1] Dahinden posits that solutions in architecture for this obvious challenge can only be found jointly with the medical field.

In 2000, the WHO Europe called for a "right to healthy indoor air". This demand did not appear out of "thin air". Built spaces are not empty shells. They are filled with air, in the physical sense, with an aerosol consisting of gases, water vapor and air-borne particulates. This air is at the same time the main source of nutrition for human beings and is an important factor for illness and premature death from cardio-respiratory disease and air-borne infections.[2] On a daily basis we human beings "consume" about 15, 000 liters of air while engaged in sedentary occupations. That corresponds to eighteen kilograms of air and is more than we consume in solid food in a week! Air is a common property, the greatest social medium linking us until our last breath! We are far too unaware of those facts.

als wir pro Woche an fester Nahrung zu uns nehmen! Die Luft ist ein gemeinsames Gut der Menschheit, das größte soziale Medium, über das wir untrennbar miteinander verbunden sind, obligatorisch, unangemeldet und bis zum letzten Atemzug! Wir sind uns dessen viel zu wenig bewusst.

Die Gestaltung der Räume sollte den Architekten überlassen werden! Fordern wir sie auf, dabei an die Gesundheit unserer Seelen zu denken! Räume und ihre Geometrie, ihr Licht, Farben und Texturen üben einen gewaltigen Einfluss auf die Befindlichkeit der sie nutzenden Menschen aus. Das Spielen auf dieser Klaviatur ist die hohe Schule der Architektur. Das Gebäude 2226 ist Beispiel für eine sehr gelungene Partitur!

Da wir Menschen deutlich mehr als 90 Prozent unserer Zeit in Räumen und geschlossenen Verkehrsmitteln verbringen, ist für die Gesundheit des Individuums die Qualität der Innenraumluft sogar wichtiger als die Luftverschmutzung in der Umwelt. Die Qualität der Raumluft und ein genügender Wasseranteil, ausgedrückt in relativer Feuchte, sind die maßgeblichen Faktoren, die über Krankheit und Gesundheit bestimmen. Mit der Konstruktion von luftdichten Gebäudehüllen, wie in modernen Niedrigenergiehäusern üblich, übernimmt die Architektur eine noch größere Mitverantwortung für die Qualität der Innenraumluft. Das Gebäude 2226 ist nicht luftdicht und in seinen Arbeits- und Aufenthaltsräumen liegen beide Faktoren im optimalen Bereich! Zufall oder logische Konsequenz? Wir werden dieser Frage nachgehen.

Die tieferen Gründe für das rundum gesunde Raumklima dieses Gebäudes sind die intelligente Nutzung der Grundgesetze der Physik und eine Handlung mit der Natur und nicht gegen sie. Die zielgerichtete Auswahl der Baustoffeigenschaften und die Festlegung des richtigen Verhältnisses von Masse, Volumen und Geometrie sind die ersten Schritte in Richtung Erfolg. Der angemessene Umgang mit Luft und Wasser, den beiden Lebenselixieren, krönt das erfolgreiche Gebäudekonzept. Materialmix, abgestimmte Raumgeometrie und ausgefeilte Thermodynamik erlauben das energieneutrale Pendeln von Energie und Wasser zwischen Baustoffmasse und Luft sowie den natürlichen Luftaustausch. Das

Heat capacity, Great Pyramid of Giza

The design of the rooms should be left to the architects! Let's challenge them to pay attention to the health of our souls! Spaces and their geometry, their light, colors and materials have an enormous impact on the mental state of their users. Mastery of this interplay constitutes the high art of architecture, and 2226 is an example for a very successful composition!

Since human beings spend considerably more than ninety percent of their time in closed spaces and sealed vehicles of transportation, the quality of the indoor climate is more important than air pollution outdoors. The quality of the indoor climate along with an adequate amount of water, in terms of relative humidity, are the defining factors which determine health and disease. With the advent of air-tight building envelopes, like those in modern low-energy houses, architecture must assume greater responsibility for the quality of indoor climate. 2226 is not air-tight, but in its work and recreation areas both factors are within an optimal range! Coincidence or consequence? We will answer this question shortly.

The underlying reasons for the all round healthy indoor climate in this building are the intelligent use of the basic laws of physics and an approach that works with nature and not against it. The first steps towards success involve a purposeful choice of building material properties and a determination of the right proportions of mass, volume and geometry. The appropriate handling of air and water, the two mainstays of life, is the key to the successful building concept. The mix of materials, coordinated spatial design and sophisticated thermodynamics allow for an energy-neutral oscillation of energy and water between building mass and air, as well as natural air-exchange. In analogy to Newton's first law of motion, the lex prima or law of inertia, the mainly passive building system is dominated by the "thermal inertia" of the building. It determines the static and dynamic conditions of equilibrium. The only intervention into the otherwise passive system is the opening and closing of the ventilation flaps and the occasional extended or additional use of light as a resource for heat. The ventilation flaps can be user-controlled

weitestgehend passive Gebäudesystem wird analog zum ersten Newton'schen Grundgesetz, der «Lex prima», dem universellen Trägheitsgesetz, von der thermischen Trägheit des Gebäudes dominiert. Es diktiert die statischen und dynamischen Gleichgewichtsbedingungen. Die einzige Einflussnahme auf das ansonsten passive System besteht im Öffnen und Schließen der Lüftungsflügel sowie gelegentlich verlängertem oder zusätzlichem Einsatz von Lichtwärmequellen. Die Lüftungsflügel können auf Wunsch der Bewohner mithilfe des computergesteuerten Raumüberwachungssystems bedarfsgerecht gesteuert werden. Die Trägheit als Dominanzfaktor zu akzeptieren, geschieht im Wissen darum, dass jede Einflussnahme zu zusätzlichem Energieaufwand führt — was bleibt, ist Architektur pur.

Heat capacity, Angkor Wat

Für die Architekten war die Einhaltung einer wohltemperierten Atmosphäre zwischen 22 und 26 °C vorrangig, was die Wahl des numerischen Akronyms 2226 zur Bezeichnung des Gebäudes unterstreicht. Verständlich, denn die Erfahrung zeigt, dass der Nutzer die Nichtberücksichtigung dieses Komfortanspruchs kompromisslos und unreflektiert abstraft. Ein wichtiger Faktor für das Wohlfühlklima in 2226 ist die mehr als 100 Mal größere Wärmespeicherkapazität der Bauhülle, insbesondere der Betondecken, gegenüber der Luft. Wie im Beitrag über die Regelung des Raumklimas (vergleiche hierzu den Beitrag von Ludwig Rüdisser ab S. 158) ausgeführt, lassen sich kurzfristige Lufttemperaturschwankungen innerhalb des Gebäudes dadurch rasch ausgleichen. So können keine subjektiv als unangenehm kalt oder warm empfundene Temperaturdifferenzen zwischen der Lufttemperatur und der Temperatur der umschließenden Flächen auftreten.

Aus gesundheitlicher Sicht sind die Grenzwerte 22 und 26 °C eine Konzession an einen luxusorientierten Wohn- und Arbeitskomfort und haben negative Auswirkungen auf den zweiten wichtigen Raumklimafaktor: die Luftfeuchte. Diese hat bei den Überlegungen zum angestrebten Raumklima wohl eine untergeordnete Rolle gespielt. Aus der Perspektive der Krankheitsprävention ist die Einhaltung einer unteren Feuchtigkeitsgrenze von 40 bis 45 Prozent jedoch von entscheidender Bedeutung!

as needed with the aid of a computer controlled room monitoring system. Accepting inertia as the dominant factor results from the awareness that each additional intervention requires further energy. What is left is pure architecture.

The choice of the numerical acronym 2226 for the designation of the building draws attention to the goal of maintaining a pleasant indoor climate between 22 to 26 °C. This makes sense, because experience shows that temperatures outside of this range are not comfortable for users. An important factor for the pleasant indoor climate in 2226 is the heat storage capacity of the building envelope, especially the concrete ceilings, which is more than one hundred times greater than the heat capacity of the air. As explained in the chapter on indoor climate control (see the contribution by Ludwig Rüdisser, pp. 158ff), short-term variations in air temperature inside the building can be rapidly compensated, preventing the occurrence of differences between air temperature and ambient temperature that would be subjectively perceived as uncomfortably cold or warm.

From a health perspective the temperature range between 22 to 26 °C is a concession to a living and work environment geared towards luxury and comfort; but the same range has a negative impact on the second important indoor climate factor: humidity. The latter played a subordinate role in the deliberations on the desired indoor climate. Yet from the perspective of disease prevention, maintaining a lower humidity limit of 40 to 45 percent is vitally important. The fact that even in winter indoor humidity only drops to 40 percent under extreme conditions is the true sensation in my view!

The optimal humidity in 2226 is made possible by the fact that in addition to its considerable heat storing capacity the enormous mass of concrete and brick can also absorb a great amount of water vapor. A reservoir, which stores both energy and water, is therefore a fitting symbol for this building. Put simply, during the summer and in daytime, when there are adequate natural sources of heat and humidity, the storage capacity is passively loaded. Lime plaster, bricks and concrete warm up

Dass in diesem Gebäude die Raumluftfeuchte auch im Winter nur unter Extrembedingungen gegen 40 Prozent abfällt, ist für mich die eigentliche Sensation!

Die enorme Masse an Beton und Ziegeln besitzt nicht nur eine große Wärmekapazität, sondern auch eine große Wasseraufnahmekapazität, die eine optimale Luftfeuchte in 2226 ermöglicht. Ein treffendes Sinnbild für dieses Gebäude ist deshalb der Stausee — Energie- und Wasserspeicher zugleich. Vereinfacht gesprochen erfolgt im Sommer und tagsüber, wenn genügend natürliche Wärme- und Feuchtequellen vorhanden sind, das passive Laden der Speicher. Kalkverputz, Ziegel und Beton erwärmen sich und durch kapillare Kondensation und Adhäsion lagern sich in den Materialporen große Mengen an Wasser ein. Bei diffusionsoffenen und wärmedurchlässigen Raumoberflächen können Wasser und Wärme in beide Richtungen mit der konvektionsgetriebenen Raumluft entsprechend den Sorptionsisothermen und den Wärmeübergangskoeffizienten ausgetauscht werden — Natur pur. Das Gebäude beweist, dass Heizen und Kühlen mit der Gebäudestruktur auch ohne technisch aufwendige Thermoaktive Bauteilsysteme, kurz TABS, möglich ist. Technokraten ersinnen TABS, Biomimetiker suchen nach dem natürlichen Gleichgewicht zwischen geeigneter Masse, Raumgeometrie und Luft sowie nach Naturgesetzen. Termiten haben in der Evolutionsgeschichte längst Gebäudetechnologien entwickelt, von deren Raffinesse wir nur träumen können! Es lohnt sich, genau hinzuschauen, wie dies John Godfraud in seiner Übersichtsarbeit zur Literatur der Biomimetik empfiehlt, auch und gerade in der Gebäudetechnologie.3 Architektur als «the abstraction of good design from nature» (John Godfraud) ergibt nachhaltigere Resultate als eine Hightechgebäudetechnik, die als Sinnbild — in einem Umkehrvorgang — die Menschmaschinen von Fritz Kahn zur Illustration verwendet.

Ich bin der Überzeugung, dass die Einhaltung einer Untergrenze der relativen Luftfeuchtigkeit von 40 bis 45 Prozent — vor allem im Winter! — eine entscheidende Präventivmaßnahme ist gegen einige der häufigsten menschlichen Erkrankungen, insbesondere die infektiösen Atemwegserkrankungen und die chronischen kardiorespiratorischen Erkrankungen. Noch bis Mitte der Achtzigerjahre des vorigen Jahrhunderts hätte wohl die Hälfte der Mediziner und Gebäudeingenieure dieser Meinung beigepflichtet. Da Bauindustrie und Gebäudetechnik damals technologisch noch nicht imstande waren,

while great quantities of water are deposited in the material pores through capillary condensation and adhesion. Thanks to the permeable and diathermic room surfaces, water and heat can be exchanged in both directions with the convection driven room air according to the adsorption isotherms and the heat transfer coefficients — pure nature! The building proves that heating and cooling by means of the building structure is possible without technically complex "thermoactive building component systems," or TABS. Technocrats devise TABS, while experts in biomimetics search for the natural equilibrium between suitable mass, spatial geometry and air, and also for natural laws. In the history of evolution, termites have developed sophisticated building structures beyond belief. It is worthwhile to look very closely at these principles, as John Godfraud recommends in his review of literature on biomimetics, even and especially in relation to building technology.[3] Architecture as "the abstraction of good design from nature" (John Godfraud) produces more sustainable results than high-tech building technology, which uses as an inverse image the illustration of Fritz Kahn's man machines.

I am convinced that maintaining a lower limit of relative humidity of 40 to 45 percent, especially in winter, is a key preventive measure against some of the most frequently occurring illnesses, above all infectious respiratory disease and chronic cardiorespiratory disease. As recently as the mid-1980s more than half the physicians and building engineers would no doubt have agreed. Since at that time the building industry and building technology were unable to implement these humidity requirements without endangering the building structures and the health of their users (dampness and mold problem), these findings were swept under the rug. The unrestricted construction boom of the 1980s and 1990s was only possible by blocking out these findings.

Today, progress in building physics could easily allow for higher humidity without fear of damage or harm. Unfortunately regulation allowed the building industry to shift from solid to lightweight construction. One of the consequences is a lack of building mass that can store energy and water "as a reservoir." In buildings with less storage mass, primary energy must be used to warm the incoming fresh air. If the subsequent drop in the relative humidity is to be compensated, additional

diese Feuchteanforderungen ohne Gefährdung von Bausubstanz und Gesundheit (Feuchte- und Schimmelproblematik) umzusetzen, wurden sie kurzerhand «wegdiskutiert» oder «totgeschwiegen». Nur unter Ausklammerung dieser Erkenntnisse war der ungehemmte Bauboom der Achtziger- und Neunzigerjahre überhaupt verantwortbar.

Heute ließen die Fortschritte in der Bauphysik problemlos eine höhere Feuchtigkeit zu, ohne dass Schäden befürchtet werden müssten. Es wurde aber fatalerweise zugelassen, dass sich die Bauindustrie weg von der Massivbauweise hin zur Leichtbauweise entwickelt hat. Eine der Konsequenzen ist fehlende Baumasse, die Energie und Wasser «auf Vorrat» speichern kann. In Gebäuden mit wenig Speichermasse muss die eingebrachte frische Kaltluft durch Primärenergie erwärmt werden. Wenn ein Ausgleich der abfallenden relativen Feuchtigkeit aufgrund der Erwärmung durch Befeuchtung erfolgen soll, ist ein zusätzlicher energetischer Aufwand erforderlich. Dieser besteht im Energiebedarf für die Befeuchtung und im deutlich höheren Energiebedarf für die Erwärmung der feuchteren Luft. Die Notwendigkeit einer genügenden Luftfeuchtigkeit von ca. 45 Prozent wird deshalb erneut, gegenwärtig mit Energiesparüberlegungen, «wegdiskutiert».

Die Konfrontation zwischen gesundheitlichen und energetischen Ansprüchen wäre unnötig, würde die Bautechnik nicht gegen, sondern mit der Natur umgesetzt, wie dies die Erbauer von 2226 demonstriert haben. Die frische Kaltluft kann mit Wärme und Feuchte aus dem Massenspeicher 2226 sowohl erwärmt als auch befeuchtet werden, und zwar ohne den Einsatz von anderen primären Energiequellen. Dies ist möglich, da die totale Wärmespeicherkapazität von Decken und Wänden mehr als 100-fach höher ist als das entsprechende Aufnahmevermögen des Luftvolumens im Gebäude (vergleiche hierzu den Beitrag von Peter Widerin ab S. 58). Eindrücklich ist auch das «Überangebot» an Feuchte in diesem Gebäude. Bei praktisch identischer, spezifischer Wasseraufnahmekapazität von Luft und Beton steht bei Berücksichtigung der Volumenverhältnisse ebenfalls gut 100 Mal mehr Feuchte zur Verfügung, als die Luftmasse aufnehmen kann. Obwohl nicht

Natural ventilation, termite mound, Northern Territory, Australia

energy for humidification becomes necessary. This consists of energy needs for humidification and significantly higher energy requirements for warming the more humid air. As a result, the requirement of a sufficient relative humidity of around 45 percent is once again explained away with arguments centered on saving energy.

The conflict between health requirements and energy savings could be avoided if building technology were to work with and not against nature, as the architects of 2226 have demonstrated. Fresh, cold air can be warmed or humidified with heat and moisture from the mass storage of building 2226, and it can be achieved without resorting to primary energy sources. This is possible because the total heat storage capacity in the ceilings and walls is more than one hundred times higher than the corresponding absorption capacity of the volume of air in the building (see Widerin, pp. 58ff). The moisture "surplus" in this building is also impressive. With almost the same specific water absorption capacity of air and concrete, and taking the volume ratios into account, almost one hundred times more moisture is also available than the air is capable of absorbing. Although not all moisture is available for exchange with the air on short notice, the reservoir is sufficient to prevent humidity from falling below 40 percent, even when the temperature outside is very low. Simply ingenious!

Air is a true elixir of life when it is clean and has enough oxygen and moisture. But it is not a good storage medium because of its low specific weight and in particular because it must be constantly exchanged with fresh air from outside. When air is used as a primary heat medium, an unremitting "energy exchange cycle" results, especially during the winter months, with unavoidable loss of energy. 2226 illustrates a more sustainable and healthier solution.

The term microbiome, indicating the entirety of microorganisms inhabiting a building or a human body, has increasingly found its way into the scientific discussion in recent years. It is assumed (but not proven), that the total number of pathogens on the surface of a building is greater than the number

alle Feuchtigkeit kurzfristig für den Austausch mit der Luft bereitsteht, genügt das Reservoir, um die Luftfeuchte auch bei tiefen Außentemperaturen nicht unter 40 Prozent abfallen zu lassen. Einfach genial!

Die Luft ist ein wahres Lebenselixier, wenn sie sauber ist und genügend Sauerstoff und Feuchte enthält. Als Speichermedium ist sie infolge ihres geringen spezifischen Gewichtes eher ungeeignet, zumal sie permanent gegen frische Außenluft ausgetauscht werden muss. Sobald die Luft als primärer Wärmeträger dient, resultiert daraus ein unablässiges, vor allem winterliches «Energieaustauschkarussell» mit unvermeidlichem Energieverlust. 2226 zeigt bessere Lösungswege auf — nachhaltiger und unserer Gesundheit zuträglicher.

Natural ventilation, wind towers and yakchal or ice storage, Yazd, Iran

Unter Mikrobiom versteht man die Gesamtheit der Mikroorganismen, die ein Gebäude oder einen Menschen besiedeln. Das Mikrobiom rückt in den letzten Jahren mehr und mehr in den wissenschaftlichen Fokus. Es ist anzunehmen (aber nicht bewiesen), dass in einem Gebäude die Gesamtheit der Pathogene an den Oberflächen meist größer ist als die Gesamtheit der luftgetragenen Pathogene. Damit wird die Luftübertragung (Aerosolübertragung) zum alles entscheidenden Link zwischen Risiko (Anwesenheit von Pathogenen) und der Exposition (Kontakt mit den Atemwegen). Die Luftfeuchtigkeit und die Belüftungsverhältnisse beeinflussen die Aerosolübertragung entscheidend. Beide Faktoren bewegen sich bei 2226 im optimalen Präventionsbereich.

Wenn wir uns im Freien aufhalten, können sich krankmachende Partikel praktisch unendlich stark in der Atmosphäre verteilen. Man nennt dies den «Open Air Factor», der in gebauten Räumen auf den angebotenen Luftaustausch (Verdünnung und Elimination) reduziert ist. Daher noch abschließend ein Wort zu den gesundheitlichen Aspekten der technikfreien, natürlichen Belüftung des Gebäudes 2226. Diese Ventilation ist ebenso revolutionär wie einfach und beruht auf rein physikalischen Gesetzen — erneut Natur pur.

Die Funktion eines sechsgeschossigen Bürogebäudes ausschließlich mit natürlicher Belüftung, ohne spezielle Luftkamine, Luftaustrittsöffnungen, Abluftgebläse oder thermische Hilfsmittel ist schlicht

of air-borne pathogens. That makes the air transport (aerosol transmission) the decisive link between risk (presence of pathogens) and exposure (contact with the respiratory tract). Aerosol transmission is significantly influenced by humidity and ventilation. Both factors are in the optimal zone for prevention in 2226.

Pathogens can be almost infinitely dispersed in the atmosphere outdoors. This is called the "open air factor," which is reduced to the available exchange rate of air (dilution and elimination), in closed interior spaces. It is appropriate in conclusion to discuss the health aspects of the natural ventilation of 2226, devoid of technology. This ventilation is as revolutionary as it is simple and it is based on straightforward physical laws — once again pure nature.

It is simply amazing that a six-story office building functions exclusively with natural ventilation, without special chimneys, air outlets, exhaust fans or thermal aids! The enormous health benefit from this kind of ventilation, (we cannot speak here of ventilation technology, since no technology is involved), is something that will take a few years for us to completely grasp. Only when there is enough data about airborne pollutants will it be possible to directly compare different ventilation systems in field tests. The experimental laboratory results available today indicate that the ventilation industry is facing major changes. The European project HealthVent, in which European committees and university research institutes are involved, is looking for new criteria for more hygienic and healthy ventilation systems. It has been recognized that ventilation control based on sensory criteria ("stagnant air") and CO_2 *concentration is insufficient. The natural ventilation in 2226 is the ventilation concept of the future! However adjustments must be made for implementing the system in areas with high air pollution and excessive sound emission.*

Perfectly designed natural ventilation requires no energy and is noiseless! In 2226 the heat loss from exhaust air and the cooling from fresh air in winter can be compensated even to the freezing point by the heat output from the persons in the building (see Widerin, pp.58ff). The mostly laminar

sensationell! Die enormen gesundheitlichen Vorteile dieser Belüftungsart (von Belüftungstechnik kann nicht gesprochen werden, da jegliche Technik fehlt) werden wir erst in einigen Jahren vollständig begreifen. Dann nämlich, wenn genügend Messdaten von luftgetragenen Schadstoffen vorliegen, die es erlauben, die diversen Belüftungssysteme im Feldversuch direkt miteinander zu vergleichen. Die heute vorliegenden experimentellen Laborresultate sprechen dafür, dass der Lüftungsbranche ein Umbruch bevorsteht. Das europäische Projekt HealthVent, an dem europäische Gremien sowie Universitätsinstitute beteiligt sind, erforscht neue Kriterien für eine hygienischere und gesündere Belüftung. Es wurde erkannt, dass die Belüftungssteuerung aufgrund von sensorischen Kriterien («abgestandene Luft») und der CO_2-Konzentration ungenügend ist. Die natürliche Belüftung im Gebäude 2226 ist ein Lüftungsprinzip der Zukunft! Für die Realisierung in einer Umgebung mit stark belasteter Außenluft und übermäßigen Schallemissionen wären allerdings Anpassungen erforderlich.

Eine ideal konzipierte natürliche Belüftung benötigt keine Energie und ist geräuschlos! Bei 2226 können Wärmeverlust durch Abluft und Abkühlung durch Frischluft im Winter bis zum Gefrierpunkt mit dem Wärmeeintrag der anwesenden Personen kompensiert werden (vergleiche hierzu den Beitrag von Peter Widerin ab S. 58). Das weitgehend laminare Strömungsprofil natürlicher Belüftung mit hohen Luftvolumina und geringer Strömungsgeschwindigkeit ist effizienter als jede Mischventilation in der Elimination von Schadstoffen[4] und führt zu weniger «Aufwirbelung» bereits deponierter Schadstoffe von Oberflächen aller Art. Der größte Vorteil natürlicher Belüftung und der sogenannten Verdrängungslüftung besteht darin, dass der Lufttransport in schlecht überschaubaren und zu wartenden Kanälen vermieden wird.

Die im Beitrag «Gute Luft und Behaglichkeit» von Ludwig Rüdisser vorgestellten ausgezeichneten Messresultate der heute üblichen Messgrößen für gute Raumluftqualität (CO_2, Luftkeimkonzentration, bakteriologische und mykologische Abstriche) belegen die Effizienz dieser natürlichen Belüftung. Selbst wenn in naher Zukunft eine Festlegung neuer gesundheitsrelevanter Grenzwerte für Luftschadstoffe in Innenräumen erfolgt, wird die natürliche Belüftung von 2226 aus den oben genannten Gründen hervorragende Resultate zeigen.

flow profile of natural ventilation with high volumes of air and low flow velocity is more efficient in eliminating pollutants than any mixed ventilation[4] and causes less "re-suspension" of pollutants already deposited on all kinds of surfaces. The greatest advantage of natural ventilation and the so-called displacement ventilation is the fact that air transportation in ducts, which are difficult to access and maintain, can be avoided.

The excellent measurement results of the parameters used today for good indoor air quality (CO_2 level, number of airborne bacteria, bacteriological und mycological smears) presented in Ludwig Rüdisser's contribution on "Good Air and Comfort" prove the efficiency of natural ventilation. Even if new, health related threshold values for indoor air pollutants are established in the near future, the 2226 natural ventilation system will continue to show exceptional results for all the reasons indicated above.

1 *Dahinden, Justus, Architektur — Architecture. Stuttgart: Karl Krämer, 1986.*
2 *Lim SS, Vos T, Flaxman AD et al, "A comparative risk assessment of burden of disease and injury attributable to 67 risk factors and risk factor clusters in 21 regions, 1990 — 2010: a systematic analysis for the Global Burden of Disease Study 2010," Lancet 2012; 380: 2224 — 60.*
3 *John G, Clements-Croome D, Jeronimidis G, "Sustainable building solutions: a review of lessons from the natural world," Building and Environment 2005; 40: 319 — 328.*
4 *ANSI/ASHRAE Standard 62.1-2013*

1 Justus Dahinden, Architektur = Architecture, Stuttgart 1987.
2 Lim SS, Vos T, AD Flaxman u. a., «A comparative risk assessment of burden of disease and injury attributable to 67 risk factors and risk factor clusters in 21 regions, 1990 — 2010: a systematic analysis for the Global Burden of Disease Study 2010», in: Lancet 380, 2012, S. 2224 — 2260.
3 G. John, D. Clements-Croome und George Jeronimidis, «Sustainable building solutions: a review of lessons from the natural world», in: Building and Environment 40, 2005, S. 319 — 328.
4 ANSI/ASHRAE Standard 62.1-2013.

Ludwig Rüdisser

Gute Luft und Behaglichkeit
Comfort and Good Air Quality

Ludwig Rüdisser wurde 1949 in Hohenems (Vorarlberg) geboren und studierte nach einer Ausbildung zum Klimatechniker Haustechnik und Mathematik in Zürich. Er arbeitet als Lufthygieniker und betreibt ein eigenes Unternehmen. Als Schulungspartner des VDI — Vereins Deutscher Ingenieure und als internationaler Experte für Hygieneinspektionen und RLT-Optimierung hat er bereits 1500 Ingenieure und Spezialisten im deutschsprachigen Raum ausgebildet.

Ludwig Rüdisser was born in 1949 in Hohenems (Austria) and after training as an air-conditioning technician he studied building services and mathematics in Zurich. He works as an air quality consultant and operates his own business. In his capacity as training partner of the Association of German Engineers (VDI) and as an international expert on hygiene inspections and ventilation and air-conditioning technology (HVAC) optimization, he has trained more than 1500 engineers and specialists in the German-speaking area.

www.rlt-optimierung.at

«Das Haus stellt eines der überzeugendsten Konzepte für nachhaltiges Bauen vor und bietet seinen Benutzern gleichzeitig eine Behaglichkeit, wie ich sie noch in kaum einem anderen Gebäude je erlebt habe.»

“The house introduces one of the most convincing concepts for sustainable building and simultaneously offers its users a level of comfort that I have rarely experienced in another building.”

Ludwig Rüdisser
Lufthygieniker
Air quality expert

Als das Architekturbüro baumschlager eberle 1997 ankündigte, ein Gebäude mit minimalster Haustechnik zu bauen, war das eine Provokation für die gesamte Haustechnikbranche. Wer beim damaligen Stand der öffentlichen Meinung dergleichen versprach, schien unglaubwürdig. Dann wurde mit dem Bau tatsächlich begonnen, und das Spannende für die Beobachter (Skeptiker oder Befürworter) war: Hier wurde die Praxis für eine neue Bauphilosophie gegen den theoretische Diskurs ins Feld geführt.

Viele Grundlehren der Haustechnik werden dabei scheinbar infrage gestellt, ja herausgefordert. Die Physik hinterfragt, quasi auf den Kopf gestellt. Infrage gestellt wurde im Grunde die Substanz nicht nur einer Branche, sondern einer Weltanschauung.

Würden durch diesen Versuch die Bemühungen der Gebäudetechniker, mit immer noch mehr Hightech und komplexeren Anlagenkonzeptionen den energetischen Forderungen zu entsprechen, nicht unglaubwürdig? Berief sich deren Konzept nicht auf all die Nachweise und Hypothesen, Normen und Verordnungen, Förderungen und Anreize, die sich zu einem Gebäude ausgewachsen hatten wie der Turmbau zu Babel? Nach dem Motto: «Als wir die Orientierung verloren, verdoppelten wir die Anstrengungen.»

War es mutig, war es übermütig, das ad absurdum zu führen? Ließ sich gar glaubwürdig nach dem Sinn fragen, danach, ob all das wirklich notwendig ist? «Atmosphäre statt Maschine» und das Versprechen, den Komfort der Nutzer zu mehren sind das Schlagworte, leere Versprechen? Oder steckt darin doch ein langfristiger, nachhaltiger Ansatz?

Grundlegend für den verfolgten Ansatz ist die Feststellung: Das Wohlbefinden ist an mehr als nur die Raumtemperatur geknüpft. Auf dieser Grundlage war zu klären: Können die Behaglichkeitskriterien wie

- Temperaturen der Umschließungsflächen,
- Raumlufttemperaturen und Geschwindigkeiten (Zugerscheinungen),
- Feuchte,
- Akustik,
- und speziell Raumluftqualität

ohne herkömmliche Heiz-, Klima- und Kühltechnik zum Wohlbefinden der Nutzer umgesetzt werden?

Wir Haustechniker beanspruchen ja, die herkömmliche Heiz-, Klima- und Kühltechnik zum Wohle der Nutzer umzubauen und zu regeln. Die Praxis legt Zweifel nahe und damit die Frage, ob dies nicht ohne

When the architecture office baumschlager eberle announced in 1997 that they were going to construct a building with minimal building services, it was a provocation for the whole high-tech sector. Anyone making promises of this kind — in stark contrast to the prevailing opinion at the time — seemed unreliable. When construction actually began the exciting thing for the observers, both skeptics and proponents, was the prospect of watching the advancement of a new philosophy of building in the theoretical discussion.

Many basic tenets of building services are now being questioned or even challenged. Physics has been put under the microscope and turned upside down. At stake is not just the crux of an industry but a world outlook.

Did 2226 cast suspicion on the efforts of the building service engineers to meet energy demands with ever more high-tech and more complex systems concepts? Was their concept not based on all the evidence and hypotheses, norms and regulations, requirements and incentives, which had mushroomed into a tower of Babel? According to the motto: “When we lost our way, we tried twice as hard.”

Was it courageous or foolhardy to push that ad absurdum? Was it really credible to question the meaning, to ask if all that was really necessary? “Good air instead of machinery” and the promise to increase the comfort of the users — catch phrases or empty promises? Or was there something more long-term and sustainable in the offing?

Key to the approach is the realization that well-being is dependent on more than simply room temperature. From that standpoint the question becomes whether comfort criteria such as

- *temperatures of the enclosing surfaces,*
- *room air temperatures and velocities (draughts),*
- *humidity,*
- *acoustics, and especially*
- *indoor air quality*

could be provided to the benefit of the users without conventional heating, air-conditioning and cooling.

As building service engineers our aim is to convert and control the conventional heating, air-conditioning and cooling technology to the benefit of the users. We have to ask ourselves if

diese komplexe Technik besser gelingt. Doch die Glaubenskämpfe um dieses Thema machen ratlos.

Überzeugende Antworten sind daher aus der Praxis zu erwarten. Ausschließlich der Nutzer empfindet das Klima und entscheidet über die Behaglichkeit. Antworten aus eigener Erfahrung stehen nun dankenswerterweise zur Verfügung und geben konkret Auskunft auf diese Fragen.

Darüber hinaus ergeben sie Auskunft auf die Frage: Entsprechen die realen Daten und Befindlichkeiten der Mitarbeiter, der Gebäudenutzer, bei diesem Gebäude nach einem Jahr Betriebszeit den Ankündigungen?

Methodik und Ziele

1. Ziel: Methodik

Ohne Vorgabe, unbeeinflusst und völlig neutral waren die Parameter für Behaglichkeit im Gebäude 2226 zu erfassen. Die Messungen erfolgten ab Januar 2014 an den Arbeitsplätzen der Mitarbeiter, in Augenhöhe, was der «Atemhöhe» entspricht. Zum Einsatz kam kalibriertes, umfangreiches Prüfequipment, bestehend aus Behaglichkeits-, mikrobiologischen, umfangreichen Messinstrumenten und viel Messerfahrung. Darüber hinaus wurden periodische Vergleiche angestellt zwischen den fixierten Datenaufzeichnungen vor Ort und den tatsächlichen Werten bzw. Empfindungen an den Nutzerplätzen, zum Beispiel:

- Veränderungen von Innenraumparametern bei unterschiedlichen Außentemperaturen,
- mikrobiologische jahreszeitlich bedingte Luftqualitäten außen und innen,
- mikrobiologische Oberflächenveränderungen (z. B. evtl. Schimmelwachstum an Außenflächen, etwa Fensterbänken),
- Dichtigkeit bzw. Leckluftraten an den Dichtungen der Fensterflügel,
- Zugerscheinungen bei diversen Fensterflügelpositionen,
- chemische Innenraumqualität.

Das Ergebnis: Sämtliche Behaglichkeitsmesswerte (Feuchte, Temperatur, CO_2) an unterschiedlichen Kontrollpunkten liegen im Gebäude 2226 im optimalen Behaglichkeitsbereich (IDA 1 = hohe Raumluftqualität) gemäß europäischen Innenraumvorgaben (EN 13779).
Maximale CO_2-Werte (messbare, fühlbare Luftqualität) bisher lagen und liegen unter 700 ppm (bei

these criteria cannot be better fulfilled without complex technology. But the ideological debates surrounding this subject leave us perplexed.

Convincing arguments are to be expected from practical experience. The user alone experiences the indoor climate and decides whether it is comfortable. Fortunately, answers from experience are now available. They give concrete answers to such questions.

They answer the question: after one year of operation, do the real data and impressions of the employees, who are the building users, correspond to the claims made for this building?

Methodology and Goals

1. Goal: Methodology

The parameters for comfort were to be determined without stipulations or outside influence and were completely neutral for 2226. Measurements at the work stations were taken at eye level, which corresponds to the breathing level. Extensively calibrated test equipment and experienced personnel were deployed for the measurement of comfort and microbiological factors. In addition, periodic comparisons were made between the data gathered at the site and the actual values/impressions at the work stations of the users. For instance:

- *changes in interior parameters at different outside temperatures;*
- *microbiological air qualities inside and outside depending on the season;*
- *microbiological surface changes (for instance growth of mold on outside surfaces, like window sills);*
- *air density/leakage rates at the casement windows/gaskets;*
- *draughts caused by different casement window positions;*
- *chemical room quality.*

The result: All comfort values (humidity, temperature, CO_2) at the various control points are in the optimal comfort range in 2226 (IDA 1 = high room air quality) according to the European indoor room specifications (EN 13779).

Maximum CO_2 values (measureable, palpable air quality) have been or are below 700 ppm (with a large number of visitors in meeting rooms or in the cafeteria).

hoher Besucherquote in Sitzungsräumen bzw. in der Cafeteria).

2. Ziel: Luftqualität Innenraum

Als Mitarbeiter verschiedener interner Norm- und Richtliniengruppen erleben wir die jahrzehntelangen Diskussionen bezüglich der Höhe des Außenluftanteils (Bezeichnung Frischluft ist keine Normenbezeichnung) pro Person in m³/h. Dabei pendeln die technischen Regelwerke ständig auf und ab, Korrekturen werden angebracht, Anpassungen der AUL-Anteile pro Person von nationalen Vorgaben (unterschiedliche Nord-/Süd-Parameter, energetische Auffassungsunterschiede) auf europäische Normen. Es ist eine fast unendliche Geschichte.

Hier wurde bei einem Gebäude, das den Außenluftanteil ausschließlich mit Fensteröffnungen reguliert, erstmals die Raumluftqualität systematisch (oder regelmäßig) überprüft. Es ist Biologen würden wohl sagen, glücklicher- und wunderbarerweise ein Naturgesetz, dass Hunderte Arten von Mikroorganismen in der Luft enthalten sind. Sie gehören zu unserer natürlichen Umwelt und sind keine Verschmutzung bzw. Umweltgifte. Unsere Atmosphäre braucht dieses notwendige, mikrobiologische Gleichgewicht.

Nur ein kleiner Teil ist für den Menschen hygienisch relevant (z. B. aufgrund von Infektionen, Allergenen) oder gar pathogen (gesundheitsgefährdend). Umso mehr ist darauf zu achten, dass die Grenzwerte und die Dosis-Wirkung-Beziehung für Risikokeime beachtet werden.

Natürlich verändern sich diese Zustände bei der Einbringung von Zuluft in Innenräume (der moderne Mensch verbringt 80 bis 90 Prozent seiner Zeit in Innenräumen). Bei einer kontrollierten RLT-Anlage erfolgt eine Einstellung der Zuluft nach den Wünschen und Ansprüchen der Nutzer. Dabei soll die komplexe, wartungsintensive Regeltechnik alle Kundenforderungen zufriedenstellen, und dennoch wird das Motto «Energiesparen geht vor Hygiene» obenan gestellt. Beispielsweise werden in nicht fachgerecht ausgeführten Erdkollektoren mikrobiologische Nährböden in den luftführenden Bereichen «gezüchtet» (Kondensat und Luftverschmutzung). Oft wird an einer fachlich vorgegebenen Filtrierung gespart bzw. vernünftige, sinnvolle Wechselintervalle werden verlängert. Und dann erfolgt der Ausgleich von höheren Druckverlusten durch die Komponentenverschmutzung mit höheren Drehzahlen (und

2. Goal: Interior Air Quality

As participants in different internal norm and policy groups we have experienced the decades long discussions concerning the amount of the outside air (the phrase fresh air is not a standardized term) per person in m³/h. Technical regulations are permanently in flux, corrections are made, adaptations of the ODA (outdoor air) component per person for national regulations (different parameters for the north and south, differing concepts of energy) for the European norms. It is a neverending story.

This is the first time that room air quality has been systematically (or regularly) checked in a building that regulates the inlet of outside air exclusively with window openings. It is a law of nature, which the biologists would applaud, that air contains hundreds of different microorganisms. As part of the microbiological balance of our atmosphere they belong in our natural environment and are by no means pollutants or environmental poisons.

Only a small part of these microorganisms is relevant for human hygiene (like infectious agents or allergens) or health endangering pathogens. It is all the more important to observe the threshold values and the dose-response relationships for dangerous microbes.

Of course these conditions change when air is brought inside from outdoors (human beings today spend 80 to 90 percent of their time indoors). With an AC unit, the inlet air is controlled depending on the wishes and requirements of the user. The complex, maintenance intensive control technology is supposed to meet all demands of the customers, yet the motto "energy savings trump hygiene" is top of the list. For instance ground heat collectors that are not professionally installed become microbiological breeding grounds in the air inlet areas (condensation and air pollution). Savings are often made on professional filtering by extending the exchange intervals. Or significant drops in pressure due to dust in components are compensated with higher ventilator RPMs (which drives up the energy costs). The air intake in the house brings along biotopes with microbiological contaminants and other pollutants.

- *What is the actual microbiological germ population in the 2226 rooms?*
- *Some questions for the measurement of air quality:*

dadurch höheren Energiekosten). Somit wird die in Wohn- und Lebensräume eingebrachte Zuluft über einige «Biotope» von mikrobiologisch kontaminierten Komponenten geführt bzw. zusätzlich verunreinigt.

- Wie sieht nun der mikrobiologische Keimgehalt in den Innenräumen des Gebäudes 2226 tatsächlich aus?
- Fragen für die Messstrategie-Luftqualität:
- Wie ist die Luftquelle, die Außenluft in dieser Gegend tatsächlich?
- Wie wirkt sich die ungefilterte Luftqualität (Luftgüte) im Innenraum aus?
- Sind die jahreszeitlichen Luftdifferenzen (z. B. Pollenzeit) für Nutzer spürbar?
- Im Fall des Gebäudes 2226 war neben dem Befinden der Nutzer die Messtechnik zum Thema gefragt: Ist ein zuträgliches Innenraumklima möglich ohne eine Filtrierung der Außenluft?

Mit kalibrierten, speziellen Luftkeimsammlern und mikrobiologischen Nährböden (drei selektive, speziell für Luftkeime entwickelte Nährmedien), jahrelangen praktischen Erfahrungswerten in Technik und Mikrobiologie wurde die Außenluft vor den Fensterflügeln geprüft und anschließend an repräsentativen, besetzten Arbeitsplätzen der Gesamtkeimgehalt (KBE/m³) gemessen. Die kontaminierten Nährböden wurden anschließend nach mikrobiologischen und technischen Regelwerkvorgaben von einem zertifizierten Labor ausgebrütet und bewertet. Die Laborergebnisse listen detailliert Menge und Artenvielfalt, Schimmelpilzarten, Hefen und Bakterien nach Außenluft-Umweltkeimen oder bekannte Risikokeimen auf.

Ergebnisse

Das Ergebnis ist verblüffend und positiv überraschend: Die Innenraum-Gesamtkeimzahlen (korreliert auch mit der Staubpartikelmenge Mikroorganismen brauchen Staub als Träger) bewegen sich zu den Messzeitpunkten im Frühjahr und im Herbst 2014 und im Frühjahr 2015 im optimalen Bereich der Vorgaben baubiologischer Richtwerte und WHO-Erfahrungswerten (< 500 KBE/m³).[1] Die gemessenen Werte entsprechen auch den anspruchsvollen, beständig sicherzustellenden Vorgaben der Lebensmittelverarbeitung (z. B. Küchen, Gastronomie, Lebensmittelproduktionen). Im Gegensatz zu vergleichbaren (nationalen und internationalen) Innenraummessungen mit Lüftung sind

- *What is the actual quality of outside air in the vicinity of 2226?*
- *What effect does the unfiltered air quality have on the rooms?*
- *Does the user notice the seasonal differences in the air (e.g. pollen season)?*
- *In the case of 2226, in addition to the perception of the users, the measuring devices were used to determine if a tolerable indoor climate is possible without filtering the outside air.*

With calibrated, specially gathered airborne germ samples and microbiological breeding grounds (three nutrient media especially selected for airborne microbes), years of empirical values in technology and microbiology, the outside air in front of the windows was then tested at typical, occupied work stations for the overall microbial concentration (CFU/m³). The contaminated breeding grounds were then hatched out and evaluated according to microbiological and technical guidelines in a certified laboratory. The laboratory results were listed according to amount and species diversity, types of mold, yeasts and bacteria for outdoor airborne environmental microbes or pathogenic microbes.

Results

They are astonishingly positive. During the measurement periods of spring and fall, 2014, and spring, 2015, the total bacteria count inside (correlated with the amount of dust particles because microorganisms need dust as carriers) are in the optimum zone for the building biology guidelines and WHO empirical values (<500 CFU/m³).[1] *The measured values also correspond to the high demands for constant supervision of food-processing guidelines (i.e. kitchens, restaurants, food production facilities etc.). In contrast to comparable (national and international) room measurements with mechanical ventilation, the microbe count in 2226 is lower by a factor of two to three.*

In conclusion it may be said that the protection standards of international hygiene requirements for healthy indoor air quality were surpassed. The core hygiene demand that the on-site microbe content may not in any category exceed that of the air outdoors was surprisingly confirmed.

After a year and a half of observation a technician who has been involved for years with indoor air quality concluded that there was:

die Keimzahlen im Gebäude 2226 um den Faktor 2 bis 3 niedriger.

Zusammenfassend lässt sich feststellen, dass das Schutzziel der internationalen Hygieneforderungen einer gesundheitlichen Raumluftqualität überdurchschnittlich erreicht wird. Auch die Hygienekernforderung, der Keimgehalt vor Ort dürfe in keiner Kategorie gegenüber der Außenluft überschritten werden, wird (überraschend) eindrücklich bestätigt.

Das pragmatische Resümee eines Technikers, der sich seit Jahren mit der Luftqualität von Innenräumen befasst, lautet nach anderthalb Jahren Beobachtungszeit:

- Es besteht eine hohe Nutzerzufriedenheit (durch Befragungen und Situationsprüfungen vor Ort).
- Die Behaglichkeitskriterien (Anpassung der Nutzerbedürfnisse möglich, z. B. richtige Zeiteinstellungen der Fensteröffnungen, individuelle Bedienung möglich) sind erfüllt.
- Bisherige (überraschend) positive mikrobiologische Ergebnisse bringen auch erfahrene Messtechniker und Mikrobiologen vorerst an den Rand des Erklärbaren.
- Anspruchsvolle Architektur und logische Bauphysik können Maßstab für eine reduzierte, vernünftige Haustechnik sein.

Aufgrund tatsächlicher, im Alltagsbetrieb gewonnener permanenter Messergebnisse bestätigt dieses Projekt bisher eindrucksvoll für Haustechniker und vermutlich auch Behörden: Förderungsvorgaben für zeitgemäßen Klimakomfort können ohne stets steigenden technischen Aufwand und damit leistbar erbracht werden.

1 Im deutschsprachigen Raum existieren zurzeit keine gültigen rechtlichen Grenzwerte für die Art und die Menge von Schimmelpilzen und Bakterien in der Raumluft. Institutionen oder Sachverständige schlagen jedoch Richtwerte vor, die sich an lang- und mittelfristigen Erfahrungs- und Orientierungswerten orientieren.

- *A high level of user satisfaction (based on surveys and situation tests conducted on site).*
- *Fulfillment of comfort criteria (accommodation of user needs, like the right times for the window openings, with individual access possible).*
- *Even experienced measurement engineers and microbiologists are perplexed by the surprisingly positive microbiological results.*
- *High quality architecture and logical building physics could provide the standard for reduced, reasonable building services.*

Thanks to real measurement results obtained from day-to-day operation, this project confirms in an impressive way, for building engineers and presumably for officials, that the funding specifications for contemporary climate comfort can also be achieved without incurring the rise in cost for a constantly increasing technical effort.

1 In the German speaking region there are currently no valid legal limits for the type and volume of mold and bacteria in room air. However institutions and experts have suggested guidelines based on mid- and long-term experience and orientation values.

Florian Aicher
Dietmar Eberle

Mit dem Nutzer rechnen
In Defense of the User

Dietmar Eberle wurde 1952 in Hittisau (Vorarlberg) geboren und studierte Architektur an der TU Wien. Er ist Mitbegründer der Vorarlberger Baukünstler. Von 1984 bis 2009 arbeitete er zusammen mit Carlo Baumschlager. Er führt das international renommierte Büro baumschlager eberle mit weltweit zehn Dependancen in acht verschiedenen Ländern. Seit den Achtzigerjahren übt er eine kontinuierliche Lehrtätigkeit an verschiedenen Hochschulen in Hannover, Wien, Linz, Syracuse (N. Y.), Darmstadt, Madrid, Jerusalem und Hongkong aus. Seit 1999 ist er Professor für Architektur und Entwerfen an der ETH Zürich, damit verbunden ist die Leitung des ETH Wohnforums — ETH CASE (Centre for Research on Architecture Society and the Built Environment). Darüber hinaus hat er zahlreiche nationale und internationale Auszeichnungen und Ehrungen erhalten. Dietmar Eberle ist Mitglied des American Institute of Architects (AIA).

Dietmar Eberle was born in 1952 in Hittisau (Austria) and studied architecture at the Technical University of Vienna. He is the co-founder of the "Vorarlberger Baukünstler". From 1984 to 2009 he worked with Carlo Baumschlager. He directs the internationally acclaimed company of baumschlager eberle, with ten offices around the world in eight countries.Since the 1980s Eberle has taught at different universities in Hanover, Vienna, Linz, Syracuse (N.Y.), Darmstadt, Madrid, Jerusalem and Hong Kong. Since 1999 he has been a professor for architecture and design at the Swiss Federal Institute of Technology in Zurich (ETHZ) where he also directs the ETH Wohnforum — ETH CASE (Centre for Research on Architecture Society and the Built Environment). Dietmar Eberle has received many national and international awards and honors and is a member of the American Institute of Architects (AIA).

www.baumschlager-eberle.com

«Das Haus denkt sich: ‹Lasst's mich in Ruhe. Ihr versteht's mich sowieso nicht … Es ist eigentlich egal, was um mich herum passiert.› Gleichzeitig macht es aber auch etwas anderes. Es nobilitiert seine Umgebung und bringt sie auf ein anderes Niveau. Jedes gute Haus erhält eine Bedeutung weit über den unmittelbaren Kontext hinaus. Dann kann man sagen, dass es einen Beitrag leistet.»

"This house has an attitude, that goes: 'Leave me be. There's no way you can understand … it really doesn't matter what happens around me.' But more than that: it elevates its surroundings, lifting them to another level. And that is why everyone benefits from this building. In my view, every good building has an impact that goes beyond its immediate context. Then, and only then, can you say that it makes a contribution."

Dietmar Eberle
Architekt und Bauherr
Architect and client

FLORIAN AICHER
Seit zwei Jahren wird 2226 nun bespielt und das starke Interesse daran ist ungebrochen. Dabei ist die Rezeption stark auf das Thema Energie fokussiert. Wird das dem Bau gerecht?

DIETMAR EBERLE
Diese Fokussierung trifft einen wichtigen Aspekt, aber nur einen Teilaspekt und bei Weitem nicht die gesamte Dimension des Hauses. Die intensive Aufnahme ist für mich ein Indiz, dass man weiß: Durch nachvollziehbare, überschaubare, der Konvention entsprechende Mittel sind Ergebnisse zu erzielen, die heute vielfach nur noch dem Einsatz von «viel Technik» zugetraut werden. Das Haus erbringt den Gegenbeweis und ist nachhaltig zu nennen. Die hier angewandte Bautechnik hat Lebenszeiten, die weit über die von technischen Anlagen hinausgehen — wir sprechen von mehreren Menschenaltern im Gegensatz zu den 15 Jahren, nach welchen diese Anlagen abgeschrieben sind. Nimmt man den Aufwand für Installation, Betrieb, Wartung und Entsorgung hinzu, der hier entfällt, wird es noch drastischer.

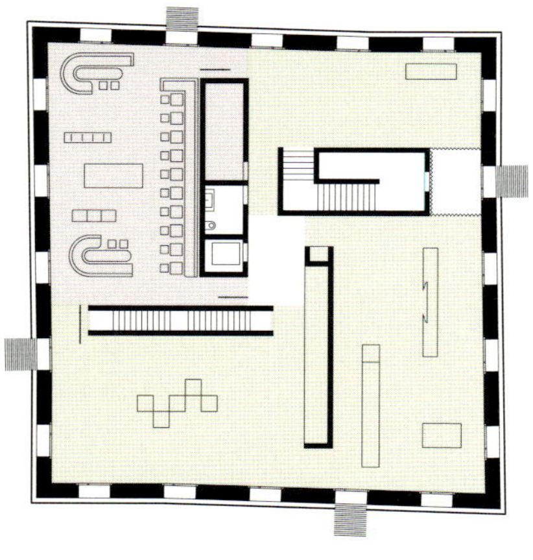

Ground floor

Coffee bar *Public zone*
Gallery

Doch dazu kommt ein anderer Aspekt: Die Nutzungsneutralität des Hauses ist nachhaltig. Das Gebäude stellt ein «Feld» bereit, das von Personen mit eigener Geschichte in Zukunft bespielt wird. Das geht weit über das Unmittelbare eines Nutzungsprogramms für den heutigen Tages hinaus. Es liegt auch jenseits des Energieaspektes, ist aber langfristig ausschlaggebend für den Bestand unserer Umwelt. Wir müssen wieder lernen, beim Bauen mit langfristigen Zeiträumen umzugehen — im Gegensatz zum vergangenen 20. Jahrhundert, wo wir glaubten, es uns leisten zu können, alle 30 Jahre

FLORIAN AICHER
Two years have passed and the interest in 2226 has not subsided. The focus is very much on the subject of energy. Does that do the building justice?

DIETMAR EBERLE
The energy focus is important, but it's a partial aspect and by no means reflects the overall significance of the house. The high-level of recognition tells me that people know that with comprehensible, transparent methods that correspond to convention, results can be achieved today, which are otherwise only achieved with "a lot of technology." 2226 provides evidence to the contrary and is undoubtedly sustainable. The building technology used here has a lifespan far beyond that of technical equipment. We're talking about several lifetimes in comparison with the fifteen years after which such equipment is amortized. If one includes the expenses for installation, operation, maintenance and disposal, the contrasts are even greater.

But there is yet another aspect: the utilization neutrality of the house is sustainable. The building presents a "field," in which people with their individual background can develop their own story in the future. That goes far beyond the immediate needs of a usage program for today. It also goes beyond the energy aspect but in the long term it's crucial for maintaining our environment. We have to re-learn how to build in longer timeframes, in contrast to the conventional wisdom of the twentieth century in which it was common sense to replace buildings every thirty years, when they were financially written off. For social, ecological and economic reasons, it is no longer possible to do that.

FLORIAN AICHER
The term "sustainable" has been expanded from the more narrow ecological definition to include the social realm. As individuals and their history move more into the focus of the discussion, occupants of the object will take on greater importance rather than the object itself.

DIETMAR EBERLE
History teaches us that buildings have to be robust. Robust refers to the materiality of the building and its simplicity, but also to the architectural qualities of the building: arrangement and dimension

die Bausubstanz zu ersetzen, wenn sie betriebswirtschaftlich abgeschrieben war. Das ist uns aus sozialen, ökologischen und ökonomischen Gründen nicht mehr gegeben.

FLORIAN AICHER
Der Begriff «nachhaltig» wird in diesem Sinn von der ökologischen Verengung befreit und um das Soziale erweitert. Indem die Personen und ihre Geschichte ins Spiel kommen, verschiebt sich die Perspektive: weniger das Objekt, mehr der Nutzer, der mit diesem umgeht.

DIETMAR EBERLE
Dazu wiederum braucht das Gebäude: Robustheit. So kann es die Interpretationen, die hier die Geschichte schreiben wird, ertragen. Robustheit bezieht sich auf die Materialität des Gebäudes, auf ihre Einfachheit, aber auch auf architektonische Qualitäten: Anordnung und Dimension der Räume, Tageslicht — die Fähigkeit, Komfort und Wohlgefühl zu gewährleisten. Diese Robustheit stellt sicher, dass dem Nutzer nicht in einer Art Zwangsbeglückung vorgeschrieben wird, wie er sich wohlzufühlen hat, sondern Spielräume geboten sind, die dem Gebäude ein langes Leben sichern.

Wohlfühlen hat dann nicht nur mit Nutzungsqualitäten im Gebäude zu tun. Ein Bau dieser Qualität leistet auch einen Beitrag zur atmosphärischen Qualität des Ortes.

FLORIAN AICHER
Nutzungsvielfalt — wie ist es darum im 2226 bestellt? Bislang wird das Gebäude auf mehreren Geschossen als Büro genutzt, dazu kommt eine gewerbliche und gastronomische Nutzung.

DIETMAR EBERLE
Wir gehen weiter! Wohnen wird integriert in einem eigenen Geschoss. Wir wissen, dass die Behaglichkeit in Wohnräumen durch einfache Adaption der Software sichergestellt werden kann. Parameter verschieben sich, Feuchtigkeit — heute bereits ein Thema — wird wichtiger. Am Spektrum selbst, das bereits heute — em-pirisch verifiziert — vom Gebäude zufriedenstellend bedient wird, ändert sich nichts: Temperatur, Feuchte, Luftqualität bleiben die drei entscheidenden Faktoren. Andere Raumgrößen für Wohn- räume verlangen, die Software kleinteiliger zu organisieren. Ziel muss wie heute bleiben: Der Nutzer muss das Klima selbst steuern können, Bedingungen seinen Wünschen

of the rooms, daylight — the ability to provide comfort and well-being. This type of robustness guarantees a long life for the building instead of assigning the users a kind of compulsory happiness.

In that sense well-being involves more than usage qualities in the building. A building of this quality also contributes to the atmospherics of the location.

FLORIAN AICHER
What kind of usage diversity does 2226 have to offer? Several floors of the building have been used until now for office space, along with commercial and gastronomic use.

DIETMAR EBERLE
We're moving on! A separate floor will be used for a residence. We know that room comfort can be provided by a simple adjustment of the software. Parameters are changing and humidity will become more important than in the past. None of the performance criteria that the building has fulfilled

gemäß herstellen oder in Ruhe genießen können, wenn er dazu keine Lust hat. Eine Balance ist gefordert zwischen einer Atmosphäre, die selbstverständlich zu nennen ist, und Möglichkeiten der Interaktion. Das sichert langfristig Brauchbarkeit, weil es Rücksicht nimmt auf die Unterschiedlichkeit von Menschen.

FLORIAN AICHER
Bemerkenswert ist das Gewicht, das in diesem Gebäude neben dem Stoff und den ungewöhnlichen Dimensionen der Räume — besonders ihrer Höhe — dem Tageslicht zukommt.

DIETMAR EBERLE
Das ist ein vielfach unterschätzter Aspekt architektonischer Qualität — Dimension, Materialität und Fenster(an)ordnung spielen ineinander. Woran liegt es, dass in 90 Prozent der heutigen Neubauten ganztägig Kunstlicht anzutreffen ist — und das beim heute üblichen exzessiven Glasverbrauch? Zu viel wird an der falschen Stelle verbaut, ohne rechtes Maß und Proportion. Da gibt es Nachholbedarf an Architekturwissen. Die Lichtverteilung muss

and which have already been empirically verified, have changed: temperature, humidity and air quality are still the three crucial factors. With other room sizes the software must be organized on a smaller scale. The goal is the same: users must be able to control the indoor climate themselves according to their desires or to relax and do nothing if that is what they want to do. A balance must be sought between an atmosphere which is acceptable and possibilities for interaction. That's a guarantee for long-term occupancy, because it takes into account the differences among human beings.

FLORIAN AICHER
Daylight will gain importance when it comes to the discussion about the unusual heights of the rooms.

DIETMAR EBERLE
An often underestimated aspect of architectonic quality is the interplay of dimension, materiality and window placement. Why is artificial lighting

ausgewogen sein, sonst entstehen Kontraste und Überblendung. Räume mit hohem Öffnungsanteil wirken dunkel.

2226 hat einen ungewöhnlich niedrigen Fensteranteil bezogen auf die gesamte Fassade, und doch ist die Nutzung des Tageslichts exorbitant hoch. Trotz 24 Metern Gebäudetiefe wird zu einem Großteil des Jahres kein Kunstlicht benötigt. Fenster sind richtig und sparsam gesetzt — bei der Komplexität dieses Bauteils natürlich auch ein ökologischer wie ökonomischer Gewinn.

FLORIAN AICHER
Eine Lehre, die einem jede Dorfkirche mit ihren wenigen, hochformatigen, gleichmäßig verteilten Fenstern mit tiefer, reflektierender Laibung erteilen könnte ...

DIETMAR EBERLE
... die wir aber scheinbar vergessen haben. Wir sehen ja — das wusste schon Goethe, der sich viel mit Licht befasst hat — kein Licht; was wir sehen, sind helle Flächen, Reflexionen. Nur der Planer sieht Licht — wenn er einen Pfeil zeichnet. Damit ist ein grundlegendes Problem unserer Planung berührt. Die möchte alles berechenbar haben. Reflexionen jedoch zu berechnen, noch dazu, wenn die Unterschiede der Oberflächen berücksichtigt werden, ergibt eine Unmenge an Daten. Übliche Programme sind damit ganz und gar überfordert. Dann hilft man sich eben mit Pfeilen — und verfehlt das Thema. Dabei hätte eine Dorfkirche helfen können ... Ein weiterer Aspekt des Themas: Nur dann, wenn Kunstlicht in einigen Fällen bei wenig Tageslicht zugeschaltet wird, kann es entfalten, was es unweigerlich mit sich bringt: Wärme.

FLORIAN AICHER
Maß, Proportion, Ausgewogenheit — das sind Stichworte architektonischer Qualität im Hinblick auf Raum und Stoff. Bisher wurde die Wirkung im Gebäudeinneren betrachtet. Wie ist es um die Außenwirkung bestellt?

DIETMAR EBERLE
Wir haben ja im 20. Jahrhundert gelernt, ein Gebäude von innen nach außen zu begreifen. So haben wir auch gebaut und stellen nun fest: Diese Bauten haben die kürzeste Lebensdauer — in der inneren Organisation und sozialen Akzeptanz. Sie sind gewissermaßen generationenspezifisch. Dagegen ist das Lebensalter konventioneller Gebäude, des

still used all day long in 90 percent of the office spaces, even with the excessive use of glass common today? Too much is being installed in the wrong place, without the right dimensions and proportions. Some upgrading in architectural knowledge is in order here. The distribution of light must be balanced or else contrasts and cross-fading will occur and rooms with large opening will seem dark.

Although 2226 has an unusually small window surface in relation to the façade, the distribution of daylight is unusually good. For most of the year no artificial light is needed in the 24-meter-deep building. The windows are correctly and judiciously located, which results in an ecological and economic benefit.

FLORIAN AICHER
A lesson to be learned from village churches with their few, vertical format, evenly spaced windows and deep, reflecting jambs ...

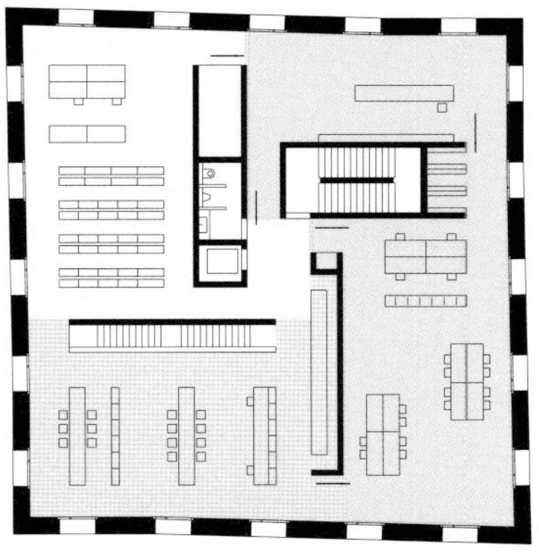

1st floor
Office
Archive
Open plan office
Public zone

DIETMAR EBERLE ...
... which we have apparently forgotten. Because what we see — as Goethe, who worked extensively with light, also knew — is not light. What we see are illuminated surfaces and reflections. Only designers see light when they draw an arrow. That reveals a basic problem of our design. They want to calculate everything. But calculating reflections, never mind taking into account the differences in surfaces, generates gigantic amounts of data. The usual programs are completely overwhelmed. Then one draws the arrows and the problem goes away. The village church could help ...

gebauten Außenraums, des öffentlichen und des Stadtraums wesentlich länger.

Wenn wir also von Langfristigkeit und Nachhaltigkeit sprechen, dann spielt der Beitrag, den das Gebäude mit seiner äußeren Erscheinung zum Ort und zum Quartier leistet, eine Schlüsselrolle. Für die Langfristigkeit eines Gebäudes ist seine Wertschätzung im öffentlichen Raum, nicht das Wohlbefinden des Nutzers, ausschlaggebend. Das Wohlwollen des Passanten, heute und zukünftig, seine emotionale Wertschätzung zählt. Dazu ist der Beitrag der äußeren Erscheinung wesentlich — Architektur schafft Nachhaltigkeit.

FLORIAN AICHER
Dabei hat man doch vielfach den Eindruck, Architektur bemäntele nur noch längst festgelegte Strukturen. Nun aber diese — andere, neue? — Engführung von Sozialem, Ökologie und Ästhetik. Was ist ausschlaggebend?

DIETMAR EBERLE
Von herausragender Bedeutung ist die den Ort

Another aspect of the topic is this: only in the few instances when there is very little daylight and artificial light is used, can heat be created.

FLORIAN AICHER
Dimension, proportion, balance — those are the key words of architectural quality in reference to space and material. Up until now the effect on the interior has been observed. How does that look on the exterior?

DIETMAR EBERLE
In the twentieth century we learned to comprehend a building from the inside out. That is how we built and now we discover that these buildings have the shortest of lifetimes — in terms of their interior organization and social acceptance. They could be called generation specific. Compared to the built exterior of conventional buildings, the lifetime of public and municipal buildings is much longer. The role of the exterior appearance of the building in the city is crucial when we are going to talk about extended lifetimes and sustainability.

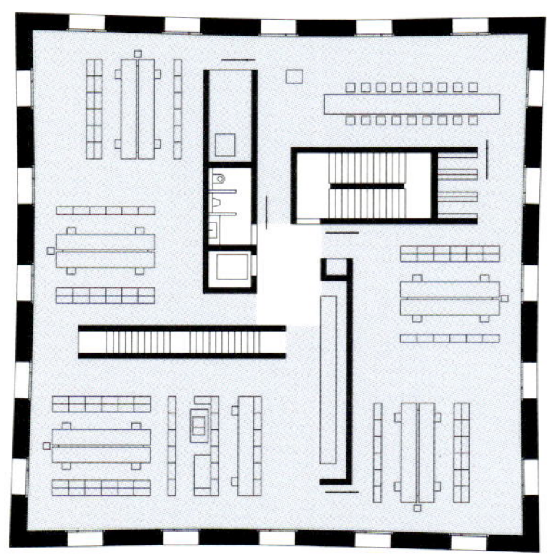

Second floor

Open plan office *Public zone*

For the long-term value of the building what counts is public acceptance, not the well-being of the user. The good will of current and future passersby and their emotional appreciation is what counts. That's why the exterior appearance is important: architecture creates sustainability.

FLORIAN AICHER
The impression remains that architecture simply cloaks structures that have long been established. Now you are proposing something new, a close coordination of social, ecological, economic and aesthetic aspects. What sets the tone?

prägende Konvention. Die wiederum hat zu tun mit ästhetischen Kriterien, die sich in Atmosphären, die umfassend wahrnehmbar sind, darstellen lassen.

FLORIAN AICHER
Ort, Konvention, Atmosphäre — Beständigkeit zeichnet alle auf je eigene Weise aus. Ist dies eine Bedingung für Zustimmung?

DIETMAR EBERLE
Im Rahmen des Wohnforums an der ETH Zürich haben wir Wohnquartiere unterschiedlicher Qualität und ihre Gebäude untersucht mit dem Ergebnis: Diese emotionale Wertschätzung ist der Schlüssel für die Akzeptanz von Gebäuden. Und diese Wertschätzung macht den Kern der Konvention aus.

Architektonische Interpretation der Konvention als Entwicklungspotenzial spielt somit eine Schlüsselrolle, um Gebäuden Langfristigkeit zu verleihen. Oder anders herum: Von der Architektur des Gebäudes hängt es ab, einen Ort auf ein wertiges Niveau der Wahrnehmung, Bedeutung, Identität

DIETMAR EBERLE
Convention is exceptionally important for the locations. That in turn is influenced by aesthetic criteria, which can be translated into an atmosphere that is clearly perceptible.

FLORIAN AICHER
Location, convention and atmosphere all have their own stability. Is that a condition for agreement?

DIETMAR EBERLE
We investigated residential districts of varying quality and their buildings in the framework of the Residential Forum at the ETH Zurich. We found that emotional appreciation is the key to the acceptance of buildings. And this appreciation makes the difference in the convention.

Architectural interpretations of the convention as development potential plays a key role in imparting long-term value to buildings. Put another way, the architecture of a building can significantly raise the level of perception, meaning and identity of a location. That is the contribution a building makes to the quality of a location.

zu heben. Ein Gebäude trägt somit zur Qualität des Ortes bei.

FLORIAN AICHER
Ist es ein Wechselspiel, ein Nehmen und Geben von Ort und Gebäude? Prägt ein Gebäude den Ort?

DIETMAR EBERLE
Weiterentwickeln wäre besser als prägen. Den Bestand im Blick, aber als Potenzial — und dieses ausschöpfen. Jeder Ort hat seine spezifische Identität — und keineswegs ist jede positiv. Das wäre relevant im 21. Jahrhundert: Wie sehr kann ein Gebäude dazu beitragen, die Atmosphäre des Ortes zu verbessern durch Fortschreiben der Konvention, Weitererzählen und Weitertreiben der Geschichte? Ein gutes Gebäude besitzt etwas, das dem Kontext eigen ist, und etwas, das diesen Kontext transzendiert.

FLORIAN AICHER
In Bezug auf 2226 könnte man das ja schon verwegen nennen. Der Kontext ist: ein Gewerbegebiet,

FLORIAN AICHER
Can you call that an interplay, a give and take between location and building? Does the building define the location?

DIETMAR EBERLE
Instead of "define the location" let's call it contributing to its further development. Keeping track of the building as a potential, and exploiting it. Every location has its own identity, which is by no means always positive. The relevant question for the twenty-first century is: how much can a building contribute to improving the atmosphere of the location by extending the conventions and continuing to tell about the history? A good building has something which is context specific, but which also transcends this context.

FLORIAN AICHER
In reference to 2226 one could call that audacious. The location is a commercial zone with large, sprawling buildings, with lots of glass and metal. And then there is this cube, rising above the

Bauten großer, flächiger Ausdehnung, Glas, Metall. Und nun dieser Würfel, deutlich höher, heller, strahlender Stein. Heißt das nicht Antithese?

DIETMAR EBERLE
Im Gegenteil: Ich würde sagen Ergänzung. Kontrastreich gewiss, aber eine Ergänzung, die dazu führt, dass die als gewerblich wahrgenommenen Bauten einen anderen Kontext erhalten, nun neu wahrgenommen werden, was ihnen eine höhere Wertschätzung verleiht.

FLORIAN AICHER
Nobilitiert der steinerne Würfel?

DIETMAR EBERLE
Ich würde sagen: ja. Und zwar auf zweierlei Weisen: durch das Material und durch die Volumetrie, die Geometrie. Sie prägt den öffentlichen Raum ebenso wie das Material. Es geht um das Verhältnis von Geometrie und Material. Und das Maß.

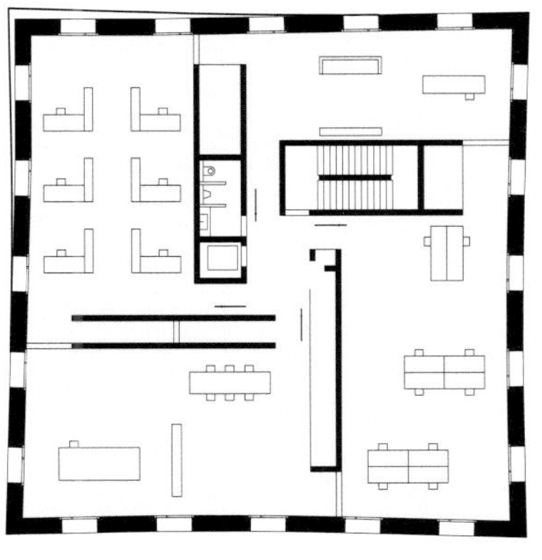

Third floor

Studios *Public zone*

FLORIAN AICHER
Als die Selbstreflexion der klassischen Moderne Mitte des 20. Jahrhunderts auf den subjektiven Faktor zurückkam, taucht parallel der Begriff «Monumentalität» auf. Ist 2226 monumental?

DIETMAR EBERLE
Na ja, entschieden steht es jedenfalls da! Das größte Kompliment, das ich zu diesem Gebäude gehört habe, stammt vom Bürgermeister dieses Ortes. Er hat gesagt: «Jetzt hat Lustenau ein Gesicht.» Ein starkes Wort! Das Haus ist in der Lage, dem Ort ein Gesicht zu geben.

Ein schönes Bild auch dafür: Jedes Gesicht unterscheidet sich von einem anderen, exzentrisch sind die wenigsten. So auch beim Hausbau. Volumen, klare Geometrie, auch Konvention — für uns ist

surroundings, made of noticeably lighter, glistening stone. Wouldn't you call that an antithesis?

DIETMAR EBERLE
On the contrary: I would call it a complement. A contrast to be sure, but one which complements, which lends the commercial building location another context, which constitutes a new perception and which confers on them a higher sense of value.

FLORIAN AICHER
The cube as bestower of nobility?

DIETMAR EBERLE
I'd say, yes. In two ways: by virtue of the material and the volumetric geometry, which distinguishes the public space just as much as the material. The key is the relationship between geometry and material. And the scale.

FLORIAN AICHER
When the self-reflection of the classical modern in the mid-twentieth century returned to the subjective factor, the term monumentality emerged. Is 2226 monumental?

DIETMAR EBERLE
Well, it's not a wallflower! The best compliment I've heard about this building was from the mayor. He said: "Now Lustenau has a face." That was saying a lot! 2226 is giving the town a face.

And it's a beautiful image because every face is different, although only a few are eccentric. The same is true when the building is a house. Volume, clear geometry and convention are all indispensable for us, but are still not enough. Does too much explicitness hem in the future? Look at it another away: Isn't precision arrived at via indistinctness? That brief flicker which appears when one looks at something and asks, what is going on here? What happened to the geometry? That's what makes architecture great! You can feel it in music. Maurice Ravel once said: "That which does not easily diverge from the form, loses the attraction for the feeling. The consequence is that irregularity, or the unexpected, the surprising and astonishing, are a significant and characteristic part of beauty."

FLORIAN AICHER
Extraordinary and yet ordinary. Is that the crucial difference with the global signature building?

all das unerlässlich, aber es reicht nicht. Verbaut nicht zu viel an Eindeutigkeit jede Zukunft? Umgekehrt: Erreicht man Präzision nicht erst durch Unschärfe? Dieses kurze Aufflackern, wenn man sich der Sache zuwendet: Was ist denn da los? Was ist mit der Geometrie passiert? Das macht sie stark! Die Musik kennt das — Maurice Ravel hat es mal so gesagt: «Was nicht leicht von der Form abweicht, entbehrt des Anreizes für das Gefühl — daraus folgt, dass die Unregelmäßigkeit, das heißt das Unerwartete, Überraschende, Frappierende, einen wesentlichen und charakteristischen Teil der Schönheit ausmacht.»

FLORIAN AICHER
Ungewöhnlich und doch gewöhnlich. Liegt da die entscheidende Differenz zum globalisierten Signature Building?

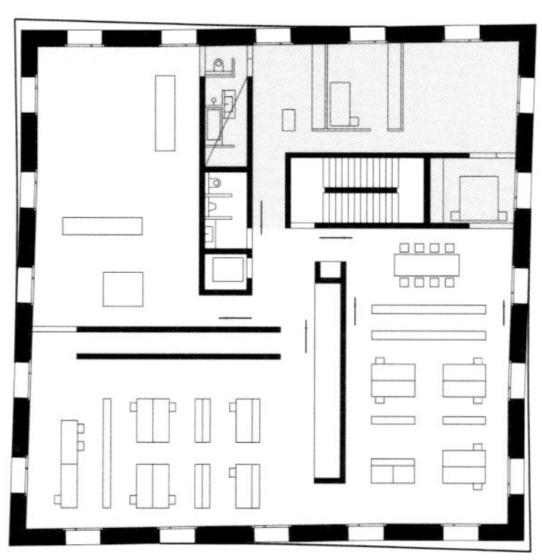

Fourth floor

Studios | *Public zone*
Habitation

DIETMAR EBERLE
Es ist keine Landmarke. Es bleibt bezogen auf den Ort, auf Geschichte, Empfinden der Leute dort. Und es generiert daraus ein neues Bild. Ich habe es immer als Kompliment empfunden, wenn Leute gesagt haben: Daheim habe ich ein altes Bauernhaus, da habe ich auch so eine Fassade — wunderbar! Und genau beobachtet.

Dabei geht es gar nicht um Wiederholung formaler Erscheinungsformen wie Dachneigung, Gebäudegliederung, Oberflächen. Viel mehr um die Art des Denkens im Umgang mit den Dingen, um die Geschichte als Kontinuität des Denkens und Empfindens. Und jede Zeit erfindet eigene Ausdrucksformen dafür als Variation von dem, was sie vorfindet. Hier ist es eine Zeit der Armut und eine Zeit der Prosperität.

DIETMAR EBERLE
2226 is not a landmark. It retains its connection to the location, to the history and feeling of the people there. And it generates a new image. I have always taken it as a compliment when people said: I have an old farmhouse with a façade just like this one. That's a precise observation which I find fitting.

We are not talking about repeating formal appearances, like the pitch of the roof, structuring of the building or surfaces. It's much more a matter of how one thinks in connection with those things; history as continuity of thinking and feeling. Every period invents its own forms of expression, as a variation of the existing convention. This is a time of poverty and a time of prosperity.

FLORIAN AICHER
Is the image of strength part of the contrasting complement of the house?

DIETMAR EBERLE
For sure, to which I could add: stability, security, certainty, solidity. Those are old values, which have been reinvented here.

FLORIAN AICHER
The stone is a substantial part of that. Other complementary aspects: carbonated lime, homogenous, almost abstract, without texture, one big stone.

DIETMAR EBERLE
I spent a long time thinking about that. Other materials are conceivable, but stone can also look quite differently. We were asked to use natural stone but I have a problem with that in this location. I wanted lime plaster, the slaked lime from around here which is produced by hand and applied to the building as it has been on prominent buildings in the Alps since the Renaissance. Every material is not the same at every location. Material also has a history.

FLORIAN AICHER
Lime and brick are almost archaic building materials, simply used without any additional finesse. It's no wonder that the house is called low-tech. But is that relevant at all?

DIETMAR EBERLE
The current dispute between low- and high-tech is centered on this: simple materiality and high-level technical complexity, which is understood to

FLORIAN AICHER
Gehört zu dieser kontrastreichen Ergänzung, dass das Haus ein Zeichen von Festigkeit ist?

DIETMAR EBERLE
Gewiss, und ich könnte ergänzen: Beständigkeit, Sicherheit, Gewissheit, Solidität. Das sind alte Werte, die hier neu ins Bild gesetzt werden.

FLORIAN AICHER
Daran hat der Stein einen gewichtigen Anteil. Zu ergänzen wäre: karbonatisierter Kalk, homogen, fast abstrakt, ohne Textur, ein einziger großer Stein.

DIETMAR EBERLE
Damit habe ich mich lange beschäftigt. Nicht nur sind andere Materialien denkbar, auch Stein könnte anders in Erscheinung treten. Naturstein wurde uns angetragen. Aber ich fand das an diesem Ort problematisch. Der Kalkputz, gelöschter Kalk aus der Gegend hier, handwerklich gewonnen und eingebaut wie an prominenten Bauten in den Alpen seit der Renaissance — das war angemessen. Nicht jedes Material ist an jedem Ort gleich gut. Auch dem Stoff ist Geschichte eingeschrieben.

FLORIAN AICHER
Kalk und Ziegel: Das sind fast archaische Baustoffe, elementar, einfach verbaut, ohne gesuchte Finesse. Daran mag liegen, dass immer von einem Lowtechhaus die Rede ist. Doch trifft das denn zu?

DIETMAR EBERLE
Der Streit um Low- und Hightech, wie er heute geführt wird, meint ja: einfache Materialität und hohe technische Komplexität, worunter man sich dann viel Gerät, Maschinen, Betriebsamkeit, Mechanik vorstellt. Das ist ja das 19. Jahrhundert, Maschinenromantik, wie es Josef Frank vor 80 Jahren genannt hat. Dieser Kategorisierung entzieht sich das Gebäude! Es ist eine Kombination von dezidierter Materialität, übrigens auf höchstem Stand der Technik, mit Software, die sich ihrer Unsichtbarkeit wegen jeder Maschinenromantik entzieht und von uns ganz pragmatisch eingesetzt wird. Der Bau ist ein Lowtechgebäude im Hinblick auf die Baustoffe und es ist ein Hightechgebäude im Hinblick auf die Technik, hier vorwiegend Steuerungstechnik. Lowtech, Hightech: eine falsche Alternative. Stattdessen: sinnvoller Zusammenhang von Materialität und Technologie — soll ich sagen: «Geistigkeit»?

mean lots of equipment, machines, activity and mechanics. That was nineteenth-century machine romanticism, as Josef Frank called it eighty years ago. This building doesn't fit in that category! It is a combination of definite materiality, which by the way, is at the highest level of technology. And the building automation software, which defies any kind of machine romanticism because it is invisible and because it is used for very pragmatic reasons. It is a low-tech building from the standpoint of the materials and a high-tech building from the standpoint of the technology, mainly the control technology. But low-tech versus high-tech is a false alternative. I would rather say: rational connection between materiality and technology. Or what about: "intellectuality"?

FLORIAN AICHER
So, it would be an intelligent building and therefore an intellectual one, if it made the most of the potentials of the material?

FLORIAN AICHER
Ein intelligentes Haus und insofern geistig wäre das Haus also, indem es die Potenziale des Stoffes nutzt, zur Geltung bringt?

DIETMAR EBERLE
Das ist es. Die Intelligenz des Stoffs nutzen und die Mechanik zurückdrängen, die Komplexität des Stoffs sich entfalten lassen. Das scheint radikal, ist es aber gar nicht. In allen Bereichen unseres Lebens erleben wir es und wissen, wie notwendig das etwa aus energetischen Gründen ist: Mechanik raus, sinnvolle Steuerung rein. Das ist es, was uns — etwa in der Industrie — gewaltige Effizienzsteigerung gebracht hat.

FLORIAN AICHER
Die, wie das Auto zeigt, leicht unwirksam wird, wenn die Effizienzgewinne durch Zunahme von Mechanik in Form ständig steigenden Verkehrsaufkommens zunichtegemacht werden.

DIETMAR EBERLE
Dem stellen wir Nachhaltigkeit und Langlebigkeit

DIETMAR EBERLE
Exactly. Using the intelligence of the material while minimizing the mechanical and giving the complexity of the material free rein. That seems radical, but isn't at all. We experience that process in all areas of our lives and recognize how necessary something is in terms of energy. So, get rid of the mechanical and use some control technology that makes sense. That's something that has given us gigantic increases in efficiency, for example in industry.

FLORIAN AICHER
Which, as the automobile shows, easily becomes ineffective when the gain in efficiency is negated by the increasing density of machines in the form of increased traffic volume.

DIETMAR EBERLE
Our solution is sustainability and long-life. We use controls to reduce dependence on the mechanical and thereby decrease wear and tear. In return, to allow that which is embodied in material to develop in all its complexity and various layers.

entgegen. Und nutzen die Steuerung, um Mechanik und damit Verschleiß zu reduzieren und im Gegenzug das, was im Stoff steckt, zu entfalten in all seiner Komplexität und Mehrschichtigkeit. Man kann das sein Wesen nennen, wem es gefällt: etwas Geistiges. Dem werden heute leider die meisten Verfahren und Methoden der Bauphysik nicht gerecht — das Zusammenspiel von Temperatur und Feuchte wird vernachlässigt, die Speicherfähigkeit wie auch Diffusions-, Sorptions-, Reflexionseigenschaften ignoriert, von Interaktionen ganz zu schweigen. Kann es da erstaunen, dass Lufthygiene, Gesundheit und Wohlbefinden viel zu kurz kommen? Stattdessen, noch immer: der Götze Wärmedurchgangswiderstand!

Dagegen setzt dieses Haus auf ein ausgewogenes Wechselspiel all dieser Faktoren, und das Ergebnis ist: Es wird so vieles einfacher! Schön ist, wie Empirie und Statistik uns bestätigen. Bei Bezug hatte uns der Stromversorger den üblichen Pauschalbetrag für so ein Gebäude berechnet — am Ende erhielten wir 40 Prozent zurück. Dabei sind sonst übliche Energiekosten noch gar nicht mitgerechnet. Aber da haben wir leichtes Spiel: Die fallen hier nicht an.

FLORIAN AICHER
Der Baustoff und seine Bauphysik — das ist das eine, doch da ist noch mehr. «Materialisierung» ist ein derzeit gern gebrauchtes Wort. Merkwürdig: Da wird's leicht ganz vergeistigt, wo doch von handfesten Dingen die Rede ist. Die Architekturregion hier bietet Staunenswertes: Räume in anspruchsvollsten Beton gehüllt in allen Richtungen, hochglänzend und tiefschwarze Nebenräume in feinem Stuccolustro ... Wie fast bieder wirkt dagegen die Stofflichkeit der Räume dieses Baus: Wände gekalkt, Holzfenster, heller Kunststein am Boden. Dennoch: Über die Raumstimmung geraten nicht wenig Besucher ins Schwärmen. Wissen Sie, warum?

DIETMAR EBERLE
Liegt es daran, dass die richtige Verteilung von Licht im Raum, die Proportionen, die Oberflächen zusammenspielen müssen, nicht im Sinn eines «All over», sondern eines Zusammenklangs? Dass so etwas heute fast Seltenheitswert hat? Dass etwas so Einfaches wie ein sommerlicher Raum zu ebener Erde, mit Tür und Fenster, das in einer Wand sitzt, die das Licht des Himmels draußen

You can call that its nature or character, if you like: something intellectual. Most of the procedures and methods of building physics don't fit with that. The interaction of temperature, humidity, thermal storage capacity, as well as the diffusion, sorption and reflective properties are ignored. Their influences are isolated. It shouldn't come as a surprise that air quality, health and well-being come up short. We run into them again and again: the gods of thermal resistance!

In contrast this house balances the interaction of all these factors with a result that makes it a lot simpler! It's nice when the empirics and the statistics confirm our position. In the course of calculating the usual lump sum for electricity for a building, the local utility ended up giving us back 40 percent. The usual costs for energy are not even factored in. But we have it easy there; we have none.

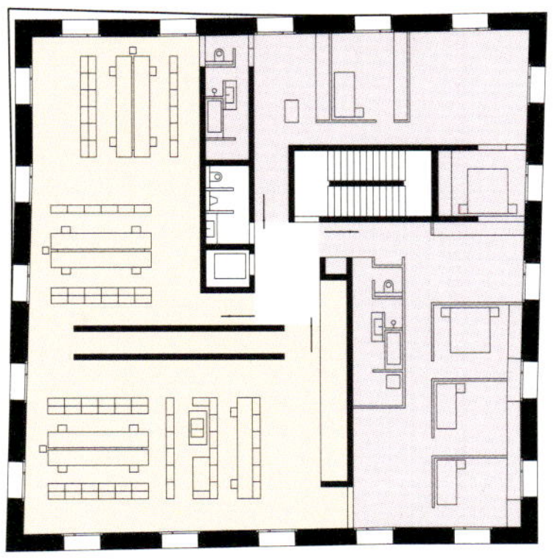

Fifth floor

Habitation
Meeting
Public zone

FLORIAN AICHER
The building material and its physics is one thing but there is much more. "Materialization" is a word currently in vogue. Which is strange. It easily turns cerebral when what we are talking about are real, tangible things. The local architecture can be really astonishing: rooms in the most high-quality concrete in all directions, highly polished, deep black side rooms in refined stucco lustro ... The materiality of this building is almost pedestrian in comparison: plastered walls, wood-framed windows and light-colored artificial stone on the floor. But many visitors rave about the interior. Why?

DIETMAR EBERLE
Is it because the light is distributed correctly in

reflektiert, zu einfach ist? Auch da geht es mir um Normalität, um Geschichte und Konvention. Wir unterschätzen, ja geringschätzen das empirische Wissen — wie viel stellt uns die mit dem Ort verknüpfte Geschichte auf diese Weise zur Verfügung. Erfahrung mit Räumen und Atmosphären, die Zeit braucht, sich zu bilden. Handwerklich Gekonntes spielt eine Rolle, besitzt mehr Potenzial, als was sich oberflächlich zeigt. Deshalb greift Materialität als ästhetisches Programm zu kurz. Wahrnehmen mit allen Sinnen, Wissen, Können — zusammen bildet es das, was das Potenzial der Konvention ausmacht.

FLORIAN AICHER
Warum ist das, was eigentlich auf der Hand liegt, in der heutigen Architektur so selten zu finden?

DIETMAR EBERLE
Da ist die digitale Determinierung, ergänzt durch die Verabsolutierung der Berechenbarkeit. Empirisches Wissen dagegen — wir können es nicht quantifizieren und nicht bildhaft darstellen. Aber erleben können wir es sehr wohl, denn es lebt, als Erfahrungswissen leibhaftiger Menschen.

In der heute verbreiteten Methode architektonischer Produktion — in der mathematisch berechnenden Erfassung einerseits und der digitalen, grenzenlosen Bildproduktion andererseits — gehen diese Qualitäten vollkommen verloren. Sie kommen in dieser schönen neuen Welt nicht vor, entziehen sich ihr, sind als empirisches Wissen einerseits viel komplexer, andererseits viel einfacher. Das haben sie mit diesem Haus gemeinsam.

the space, the proportions and the surfaces have to work together, not in the sense of an "all over", but as a harmony? Is something like that a rarity nowadays? Is a summery room on the ground floor, with a door and window in one wall, which reflect the light from the sky, too simple? Those are things for me, which are concerned with normality, history and convention. We underestimate or neglect the empirical knowledge that the history of the location can offer us. Experience with rooms and atmospheres, which needs time to develop. Craftsmanship plays a role and has more potential than what is seen at first glance. That's why materiality as an aesthetic program is not enough. Perception with all the senses, knowledge and skill make all the difference in the potential of convention.

FLORIAN AICHER
What makes the obvious so rare in today's architecture?

DIETMAR EBERLE
Digital determination, backed up by absolute calculability. We can't quantify empirical knowledge or depict it as an image. But we can certainly experience it because it is alive, as the knowledge of real human beings.

In the method of architectural production practiced today, with its mathematical recording on the one hand and the unbridled digital production of images on the other, those qualities are completely out of place. They don't occur in this Brave World. They withdraw from it. And their empirical knowledge is much more complex and then again much more simple. That's what they have in common with this house.

Florian Aicher

Die weitere Zukunft
Notes for the Future

Zeit, so William S. Burroughs, ist der wichtigste Rohstoff unseres Jahrhunderts. Reichlich damit gesegnet ist «2226»: zehn Jahre Inkubationszeit, mittlerweile zweieinhalb Jahre Feldversuch, etliche Preise und schon jetzt ehrliche Anerkennung in Form von Nachahmern. Doch die Zeit bleibt nicht stehen...

Die ausgereiften und erfreulichen Resultate des Konzepts fordern zu weiteren Schritten heraus. Zeit, Dauer — dem Konzept im Kern eingeschrieben — charakterisiert Bauen von Beginn bis in unsere Zeit; naheliegend, es im Bestand zu erproben. So steht die Sanierung eines Gebäudes in Zürich aus dem Jahr 1906 vor dem Abschluss, realisiert lediglich durch Optimierung von Wärmekapazität und Luftqualität. Da zeigt sich: Jeder Kontext wirft eigene Fragen auf — sei es der Bestand, sei es Neubau.

In Hamburg und Shanghai sind Bauten nach diesem Konzept in Planung, in Zürich kurz vor Baubeginn — Projekte, die zeigen, wie sich das Konzept in unterschiedlichen kulturellen und klimatischen Millieus bewährt. Hinzu kommt die Ausweitung der Nutzung, etwa im Wohn- und Schulbau. Die Planung wird vorangetrieben und optimiert unter Beibehaltung des Grundprinzips: Betonung der materiellen Qualität und dann notwendige Steuerung. Ausschlaggebend bleibt die Nutzung, daran orientiert sich die Lüftung; die Transmission dagegen ist fast zu vernachlässigen. Die Belüftung rückt ins Zentrum, Aspekte wie Schallschutz kommen hinzu. Daran ist jeweils konkret die software auszurichten und durch backups zu ergänzen.

Eins spielt ins andere und bestätigt: Architektur ist mehr als die Summe der Teile. Gewiss: Jede Komponente des Systems ist kohärent, ebenso ihr Ineinandergreifen doch die Form des Ganzen ist von eigener Schlüssigkeit. «Die Optimierung der Einzelteile», so Dietmar Eberle, «reicht nicht — das muss in Zukunft geschehen in Abstimmung mit dem Ganzen. Ein anders Wort dafür: das Gefüge — das ist Bau in ursprünglichem Sinn. Architekt ist ursprünglich, wer die Dinge fügt.

So wie der Bau mehr ist als seine Teile, so das zeitlose Wissen ums Bauen, empirisches Erfahrungswissen, das in Typologien Bestand ge-winnt. So entsteht die spezifische, geordnete Gestalt, die abhängt vom besonderen Umgang mit am Ort vorhandenen Möglichkeiten. Wir variieren also 2226 in kultureller, klimatischer, sozialer Hinsicht und bleiben uns doch treu. Die Gestalt bleibt unmittelbar verständlich — Kompexitätsreduktion als architektonischer Gewinn, wo Bauen angeb-ich immer komplizierter wird.»

Time, according to William S. Burroughs, is the most important resource of our century. "2226" is blessed with ample time: ten years incubation period followed by over two years of having been tested in the field and already receiving true recognition in the form of imitators. But time does not stand still ...

The sophisticated and gratifying results of the concept call for further steps. Time, permanence — inscribed in the core of the concept — is a characteristic feature of architecture to this day. It is only natural to test it in existing structures. Thus the refurbishment of a building in Zurich dating from 1906, which is realized solely through optimizing the thermal capacity and the air quality, is nearing completion. And what becomes apparent is this: each context raises unique questions — be it in existing structures or in new buildings.

Buildings based on the same concept are currently in the planning stage in Hamburg and Shanghai, while construction is about to begin on another such building in Zurich — examples that demonstrate how the concept translates successfully into different cultural and climate environments. Add to that expanded usage profiles, for example in housing or school construction. The design is continually being advanced and optimized while maintaining the basic principle: emphasis on the material quality, followed by the necessary controls. The use is at the forefront and the ventilation reflects it; transmission, on the other hand, is almost negligible. Ventilation is the focus; other aspects such as sound insulation are complementary. In each case, the software must be designed to these specifications and completed with backups.

One thing leads to another and confirms: architecture is more than the sum of its parts. Sure: each component of the system is coherent, as is their integration; but the form of the whole has a logic all its own. "Optimizing the individual parts," says Dietmar Eberle, "is not enough — in the future, this will need to happen in harmony with the whole. In other words: the configuration — that is construction in its original sense. In the early days, an architect was someone who configured things.

Just as the building is more than its parts, timeless knowledge of building is empirical knowledge that is expressed in typologies. What emerges is a specific, ordered form that is dependent on the unique interaction with the possibilities present at the site. Thus we create variations of 2226 in terms of culture, climate and social environments and yet remain true to ourselves. The form is instantly understood — reduction of complexity as architectural gain, even though building is, supposedly, getting more and more complicated."

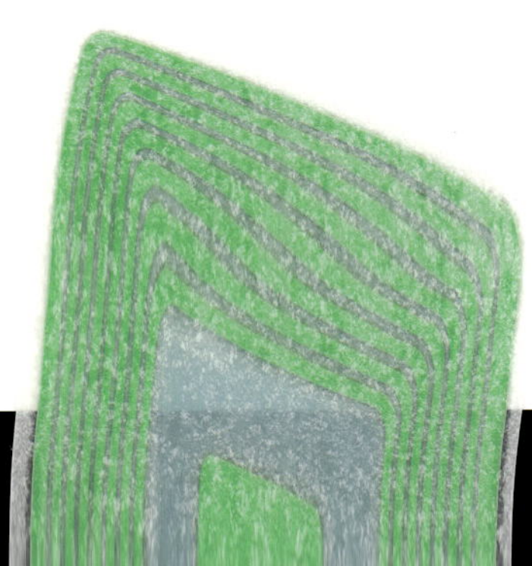

Imprint

Editors: Florian Aicher and Dietmar Eberle
Authors: Florian Aicher, Kristin Feireiss, Walter Hugentobler, Lars Junghans, Dietmar Steiner, Ludwig Rüdisser, Peter Widerin

Cover design and layout: Claudia Klein, Zurich/Berlin

Copy editor (German): Kirsten Rachowiak, Munich; Karin Huck, Allschwil
Copy editor (English): Elizabeth Schwaiger, Ottawa

Translation (from German into English): Geoffrey Steinherz, Schornsheim; Elizabeth Schwaiger, Ottawa

Drawings and diagrams:
Concept: Dietmar Eberle
Realization: Jürgen Stoppel (drawings)

Printing and binding: Kösel GmbH & Co. KG, Altusried-Krugzell

Library of Congress Cataloging-in-Publication data
A CIP catalog record for this book has been applied for at the Library of Congress.

Bibliographic information published by the German National Library

The German National Library lists this publication in the Deutsche Nationalbibliografie; detailed bibliographic data are available on the Internet at http://dnb.dnb.de.

This publication is also available as an e-book (ISBN PDF 978-3-0356-0387-3; ISBN EPUB 978-3-0356-0390-3).

P.O. Box 44, 4009 Basel, Switzerland
Part of Walter de Gruyter GmbH, Berlin/Boston

Printed on acid-free paper produced from chlorine-free pulp. TCF ∞

Printed in Germany

ISBN 978-3-0356-0381-1

9 8 7 6 5 4 3 2 1
www.birkhauser.com

Photocredits

pages 3—13: Claudia Klein, Berlin, page 26: Claudia Klein, Berlin, page 31: Friedrich Böhringer, page 32: Christian Grass, page 36: Claudia Klein, Berlin, page 38, top: Shuichi Aizawa/flickr.com, page 38, bottom: Tim1965, page 39, top: Eduard Hueber, N.Y., page 39, bottom: Nils/flickr.com, page 40, top: poeloq/flickr.com, page 40, bottom: Joi Ito/flickr.com, page 42: Foster + Partners, page 56: Claudia Klein, Berlin, pages 71—84: Eduard Hueber, N.Y., page 86: Claudia Klein, Berlin, pages 106—113: Florian Holzherr, pages 114—129: Wolfgang Stahl, page 132: Claudia Klein, Berlin, pages 134—142: Jürgen Stoppel, page 144: Claudia Klein, Berlin, page 146: Guy MOLL/flickr.com; page 147: Jeancaffou; page 148: Khánh Hmoong; /flickr.com; page 150: Mark Roy/flickr.com, page 151: Julia Maudlin/flickr.com, page 156: Claudia Klein, Berlin, page 164: Darko Todorovic, pages 167—176: Claudia Klein, Berlin page 186: Norbert Prommer, pages 187—192: Claudia Klein, Berlin

Dank

Der Weg des Projekts 2226 von der Präsentation im Jahr 2008 bis zur Fertigstellung des Gebäudes im Jahr 2013 war ein langer und nicht immer ebener. Ich möchte mich bei allen beteiligten Personen für die Zusammenarbeit und bei allen Mitwirkenden, welche die Realisierung des Gebäudes ermöglicht haben, sehr herzlich bedanken, insbesondere bei dem Architekten und Physiker Lars Junghans sowie dem Projektleiter Jürgen Stoppel und dem mitarbeitenden Architekten Hugo Herrera. Darüberhinaus möchte ich mich besonders für die großen Mühen, die für die Erstellung des Buches notwendig waren, bei der Grafikerin Claudia Klein und dem Mitherausgeber und Autor Florian Aicher sowie Antje Stender, die mir als Koordinatorin zur Seite gestanden ist, bedanken.

Außerdem möchte ich allen Vorarlberger Unternehmen und Werkstätten, die ihre Fachkenntnis und ihre Erfahrung in dieses Projekt eingebracht haben, sehr für ihr außerordentliches Engagement danken, insbesondere den Firmen Ebner Estriche GmbH, Walter Fink Gesellschaft m.b.H., Elmar Graf GmbH, Glas Marte GmbH, Rhomberg Bau GmbH, Sigg Tischlerei GmbH sowie der Holzwerkstatt Markus Faißt und den Verputzern Gerold Ulrich und Roland Kratzer.

Nicht zuletzt gilt mein ausdrücklicher Dank Kristin Feireiss und Dietmar Steiner und den Autoren Peter Widerin Walter Hugentobler und Ludwig Rüdisser. Ihre Beiträge in der vorliegenden Publikation betrachten 2226 aus verschiedenen Perspektiven und zeigen so auch auf diese Weise seine Vielfalt. Gedankt sei Angelika Heller, dem Project Editor des Birkhäuser Verlags sowie allen deutsch- wie englischsprachigen Übersetzern und Lektoren.

Acknowledgements

The path of project 2226 from its first presentation in 2008 to the completion of the building in 2013 was long and not always smooth. I would like to extend my heartfelt thanks to all participants for their collaboration and to all partners, who made the realization of the building possible, especially architect and physicist Lars Junghans as well as project manager Jürgen Stoppel and contributing architect Hugo Herrera. In addition I would like to thank graphic designer Claudia Klein and co-editor and author Florian Aicher, and Antje Stender, who provided support as content coordinator, for their tremendous efforts and engagement to realize the book.

Thanks are also due to all the companies and workshops in Vorarlberg, who contributed their expertise and experience to this project and thank them for their extraordinary engagement, especially Ebner Estriche GmbH, Walter Fink Gesellschaft m.b.H., Elmar Graf GmbH, Glas Marte GmbH, Rhomberg Bau GmbH, Sigg Tischlerei GmbH as well as the wood workshop Markus Faißt and the plasterers Gerold Ulrich and Roland Kratzer.

Finally, I would like to express my sincere thanks to Kristin Feireiss and Dietmar Steiner and to the authors Peter Widerin, Walter Hugentobler and Ludwig Rüdisser. Their contributions to this publication examine House 2226 from different perspectives, thus revealing its diversity. Last but not least thanks are also due to Angelika Heller, project editor at Birkhäuser Publishers and to all German and English translators and editors.

Claudia Klein

Das Haus und seine Materialien
The House and its Materials

Bricks — brickwork

Rorschach sandstone — window sills and the roof parapet

Limestone from the Kanisfluh massif — plaster

The Schnepfau limestone rock face — plaster

Silver fir